Reconstruction
of
the Concept
and
Techniques
of
Consumer Law

消费者法理念与技术的重构

姚 佳／著

法律出版社 | LAW PRESS · CHINA

前言:为何要绘制消费者的“人像”?

消费者系现代市场经济中,依据市场交易规则从事消费行为的主体。在法学场域内,消费者是一个隶属于民法自然人主体脉系的特定概念,基于消费行为的“特定行为逻辑”以及经营者与消费者实力不均衡的“社会场境”而被赋予特殊身份和地位,日本著名法学家星野英一将消费者描绘为“弱而愚”的“人像”。以 20 世纪中期的世界消费者运动为基础,世界范围内对消费者的集中关注与研究始于 20 世纪中期六七十年代。在美国,以 1962 年肯尼迪总统在国情咨文中提出四项消费者权利为开端;在德国,则以 20 世纪 70 年代提出两个消费者保护政策报告为开端。

中国并不存在实质意义上的消费者运动,以制定法形式出现的消费者保护法律当属 1993 年《消费者权益保护法》(2013 年修订),该法的意义除了是形式意义上的成文法之外,更在于

“塑造”了消费者主体与权利以及构建了社会主义市场经济秩序。从概括的私法史角度而言，消费者法在中国的产生路径与欧美国家迥异，欧美国家的消费者法是在私权已然充分发展、私主体具有充分的权利意识以及民事法律制度已解决一定利益冲突的基础上产生的，而中国的消费者法则是在私权并未充分发展、私主体亦未充分发育的背景下产生的，法律文本以及实践规则多是遵循“管制法”的路径，以行政管理为基本手段保障消费者权益。中国对消费者的保护已历史地形成了对公权力管制的路径依赖，然而二十余年的消费者保护实践表明，依赖公权进行保护的效果并不尽如人意。

从中国消费者法的研究来看，国内已有成果大致在行政法、经济法和民法三个领域讨论消费者法。行政法对消费者的讨论多集中于消费者行政管理法律技术规则；经济法的讨论大多依据德国 20 世纪中期消费者从民法主体体系析出等社会法理论；民法的讨论则更多地集中于消费者法到底是政策型特别民法抑或是抛却“特别法”之争而回归债法规则的重新整合。这些讨论更多地停留在法律技术规则层面，而对消费者自身发展的主体哲学、法律文本与法律实践之间到底形成何种张力，以及中国消费者法一直所遵循的“管制法”路径是否正确或合适等未有反思，这也是本书试图讨论或尝试突破的问题。

从比较法的视角而言，国内学界对大陆法系以及英美法系消费者法的借鉴也过于简单和武断。国内大部分讨论消费者法的理论基本上是德国 20 世纪中期的民法或社会法理论，或者是借鉴欧美新近的法律规则发展而忽视背后的理论争论。实际上，无论是在德国及欧洲其他国家、美国、日本以及我国台湾地区，消费者法自20世纪中期产生之后,他们都在不断进行自我反思与自我校正。德国及欧洲其他国家对消费者的主体哲学、法价值和法技术形成了自己独特的脉络,并始终注重大陆法系和英美法系对消费者这一“人”的特性的区分;美国在肯尼迪提出消费者权利之后的近二十年间对其政策进行了较为激烈的批判,并提出政府在消费者保护上只能处于第二位,最重要且居于首位的仍然是经营者与消费者之间的法律关系;日本从20世纪60年代在消费者法领域加强行政规制到21世纪初“缓和”行政规制,进而回复到激发消费者主体的自我成长;我国台湾地区也在债法领域的定型化契约与行政规制、民事主体自由发展与行政管制之间不断游移并寻找平衡点。国内对其他典型国家和地区消费者法的变化和争论有所忽视,或者是引入相关理论之时过于主观而产生一定偏差或讹错,以至于大家所认为的“共识”并非实质“共识”,导致一些“想当然”的理论无法应用于实践,缺乏一定的自我校正与纠错能力。

客观审视中国消费者法的法律文本与实践,反思中国消费者法的研究内容与方法,无疑是思考当下消费者法所存在的问题的基础,同时也必须是在此种反思与批判中,才可能会形成一种相对科学的法教义学层面的共识,寻找到相应的解决之道。总之,当下中国的消费者法必须要回归至世界范围内的哲学之辩、理论之辩、路径之辩与规则之辩,消费者保护才能逐渐从困顿中走出,实现“人”的价值升华,而消费者在自我价值实现的过程中,到底是依靠外力保护而仍然停留于“弱而愚”的形象,还是基于主体自身发展而重新塑造“强而智”的形象,这可能成为一个当下值得深思的问题。

目 录

第一章　中国消费者的“人像”

消费者问题是当下中国的重大难题之一，自20世纪80年代以来，中国一直致力于通过立法、行政管理和社会治理实现对消费者权益的维护，虽取得一定效果，但总体上与理想状态之间还存在较大差距。在一个市场后发、法治后发的国家中，法律文本总是相对比较完善而法律实施却并不尽如人意，消费者法也呈现出这一特征。聚焦近三十年消费者法的发展实践，不难发现，消费者法之所以出现当下这种难以解决、驱动乏力的现象，主要是因为这部成文法自产生之初就存在立法抉择与“人”的生存发展哲学、社会发展基础和个体权利基础不相匹配的问题，预设路径存在偏差，导致问题层出不穷又无法找到解决良方。本书试图从中国消费者权利的产生及其类型化入手，对比域外国家消费者权利之产生与发展；通过对比，试图分析本土问题的成因与症结，以期为问题纾解寻求可能方案。

“理性 = 真理 = 现实”的公式把主观世界和客观世界结合成一个对立面的统一体，在这个公式中，理性是颠覆性的力量，是“否定性的力量”；它作为理论理性和实践理性而确定人和事物的真理——确定人和事物在其中显露出其本来面目的条件。试图证明这种理论和实践的真理不是主观的而是客观的条件，这是西方思想最初的宗旨及其逻辑的起源——这种逻辑不是在哲学专门学科的意义上的逻辑，而是作为一种思想方式的逻辑，这种思想方式适合于把现实的理解为合理的。[1]

什么是消费者的“人像”？对这一问题，要通过语言或思想、词语或概念、语言分析或认识论分析来确定，“人像”一词在私法研究中多有运用，这一词汇能够将概念化、抽象化的晦涩法律术语生动形象地转化为一种直观认识。最早对法律中的“人像”进行运用和释义的是日本学者广中俊雄教授，广中教授在其著名代表作《近代史民法中的人》中提到，与其说所涉及的是“人像”，不如说涉及的是“市民法中的社会关系应有的状态”。[2] 那么在中国，消费者具有什么样的“人像”？消费者又居于社会关系中何种地位？处于何种状态？

---

〔1〕［美］赫伯特·马尔库塞：《单向度的人——发达工业社会意识形态研究》，刘继译，上海世纪出版集团 2008 年版，第 99 页。

〔2〕广中：《近代史民法中的人》，载《民法论集》，东京大学出版会 1971 年版。转引自［日］星野英一：《私法中的人》，王闯译，中国法制出版社 2004 年版，第 39 页。

第一节　法律文本“塑造”消费者主体

何为消费者？从直观上判断，只要是参与到市场关系中，依据市场交易规则从事消费行为的主体均可谓消费者。在法学场域内，消费者是一个隶属于民法自然人主体脉系的特定概念，是基于消费行为的“特定行为逻辑”与经营者和消费者实力不均衡的“社会场境”而被赋予特殊身份和地位。在大陆法系国家，消费者法作为特别民法而产生，消费者也当然作为民法上之特别主体而始终备受关注。从法律之正义维度而言，消费者法维系消费者与经营者这一对平等主体之间的法律关系，通过前摄的方式校正私人安排中的不平等因素，从而实现财富、权利和利益的分配正义。从人们是否自发或自觉地具有相应意识的角度考察，人们到底是先认识到有“消费者存在”还是先认识到有“消费者法存在”？虽然这看似是一个主观认识先后和时间点的问题，实际上却在深层次上反映着市场经济、消费实践的客观发展状况与人们主观意识之间关系的问题。根据哲学原理，人类的意识是客观事物在人脑中的主观映象。人们能否意识到自身为消费者，能否意识到自身享有消费者法所赋予的权利，取决于当时社会发展客观情况能否足以让人们产生相应的主观认识。

中华人民共和国成立以后，在高度集权的政治体制和计划经济体制的基础上，我国建立了“国家—单位—个人”的一元化社会管理格局，国家在“单位”的中介下，成为无所不包、无所不管的“全能国家”。即便在改革开放初期，整个社会的状态也在此基础上惯性延续,因此,在社会主义市场经济并非发达、个体权利意识尚未充分萌发之时,消费者法在打击假冒伪劣商品与世界消费者运动的双重影响下产生,而在该法中又呈现“保护”字样,自然人们会形成依赖“管理”而维护自身权益。

然而,随着社会的发展和市场化改革的深入推进,社会经济成分、组织形式、分配方式以及利益关系呈现多元化趋势,原有的整体性和平均化的社会利益结构被打破,人们的利益意识空前觉醒,各类利益主体不断涌现,利益分化呈现加速发展趋势。[1] 事实上,强调政府本位的权威治理、“控制型”或“管制型”监管的假设过高地估计了政府在复杂的信息社会中所能发挥的作用。改革开放之初至1993年颁布《消费者权益保护法》的这段时间,人们对“消费者”这一概念并无认识,尽管消费行为在法律产生之前已然存在,但是人们并没有意识到当自己从事市场交易时,自身角色会转化为消费者,也无从意识到自身享有专属于消费者的一系列权利,更遑论消费者诉讼。在该法出台之后,消费者、消费者权利和消费者诉讼等专业词汇才逐渐进入人们的视域,甚至可以说,当时的社会发展程度和法制发展环境是无法让人们对消费行为具有权利意识的,反而是一部消费者法让人们对消费者权益有了一定程度的认识,可以说,这部法律对人们主观意识的转变起到了重要的引导作用,在一定程度上是“消费者法”塑造了消费者主体。在过去的二十多年之间,中国经历了市场经济改革逐步深入的各个阶段,尤其是中国于2001年加入世界贸易组织之后,市场机制趋于形成与完善,人们才更加具有主观能动性地以消费者

---

[1] 高祖林:《政府主导下的官民共治:我国社会管理模式的转型方向》,载《马克思主义与现实》2012年第6期。

的身份参与市场行为，个体权利意识也在逐步增强。

一切认知概念都具有一种传递的意义：它们远不止是对特殊事实的描述性云云。如果事实是社会事实，认知概念还会超出任何特殊的事实范围，而深入到各个社会赖以存在的过程和条件的内部，深入到造成、维系和摧毁各个社会的所有特殊事实的内部。[1] 可见，充分观察社会事实是前提，在此基础上的认知并非仅停留于观察或描述层面，而是一种“穿透式”认知，从而使人们深刻理解社会事实可能涉及的方方面面。在法律领域内，人们尝试建立对社会事实、法律文本与法律实施之间的一种深入观察。

消费者法的法律文本、社会事实[2]与法律实施之间到底呈现出何种关系？如果将这三对概念作为基本元素进行排列组合，根据相应数学原理，在三者可能重复也可能不重复的情况下，将呈现出一个庞大的矩形数列，但同时三者又是动态发展的，因而，简单地以排列组合的形式难以展现其中的关系。对于一个制定法国家而言，法律文本相对固定，具有一定的稳定性，而社会事实可能变动不居，法律实施则难以预测。因此，如果划定一个坐标系的话，基础坐标应为法律文本，其可能超前或滞后于社会事实，而法律文本或曰立法预期是否实现，就是法律实施的客观效果。按照消费者法在我国产生之时的社会背景，法律文本基本上是借鉴了发达市场经济国家的立法，立法内容与立法技术均属超前而

---

〔1〕［美］赫伯特·马尔库塞：《单向度的人　　发达工业社会意识形态研究》，刘继译，上海世纪出版集团2008年版，第85页。

〔2〕“社会事实”一词是法国社会学的奠基人埃米尔·迪尔凯姆（Émile Durkheim）所使用的一个极为重要的概念，他认为，“对于一切行为方式，不论它是固定的还是不固定的，凡是能从外部给予个人以约束的，或者换句话说，普遍存在于该社会各处并具有其固有存在的，不管其在个人身上的表现如何，都叫做社会事实”。参见E.迪尔凯姆：《社会学方法的准则》，狄玉明译，商务印书馆1995年版，第34页。

非滞后，但随着近些年消费实践的发展以及法律实施的落空，法律文本进而又呈现一种隐约滞后的状态。从图1－1可见，消费者法律文本、社会事实与法律实施之间关系及其形成的发展脉络为：法律文本超前→社会事实滞后→法律实施落空→社会事实发展（超前）→法律实施落空→法律文本滞后。

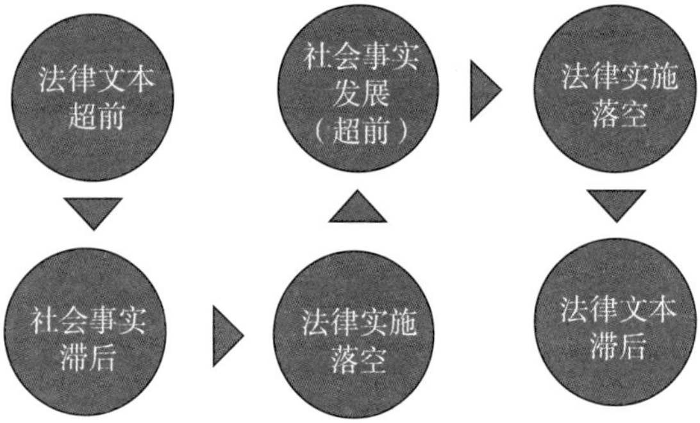

图1－1　消费者法律文本、社会事实与法律实施之间关系

图1－1所展现的几者的动态发展体现出规范与事实之间的关系，同时也暴露了消费者法无法实现立法预期的症结在于法律实施落空，而并非是人们想当然地所认为的法律本文不够先进与完善。同时，图1－1也揭示了由于在消费者法制定之时，正值社会主义市场经济发展初期，市场、社会并未发展成熟，法律文本内容超前而社会发展滞后，因此所谓"市场关系""消费者""经营者""消费者权利"等概念均系由法律文本"塑造"而成，从社会事实的维度而言，基本上并不存在真正意义上的"消费者主体"。

社会事实的更迭将引发法律的变革，消费领域呈现多样化的权利主张源于丰富的社会现实，但不得不承认的是，基于消费者法"文本先于实践"这一在先特别事实，当实践发生变化时，社会焦虑心理、惯性思维与路径依赖几重作用，使人们更会寄希望于通过提出权利主张而实现自身的诉求。毋庸置疑，如此之多的权利主张是不可能全部转化为法定权利的，而且这些权利主张中的“权利”并非具有唯一性与独特性；相反，我们可以抽象与提炼出其中的共同特性。实际上，这一系列事实也体现了面对纷繁变化的社会事实，人们解决问题的思路与方法已进入一个误区。我国正值转型后期和法律构建的末期，自改革开放至今，我国大部分时间是在创设法律规范体系，至 2011 年我国已建成社会主义法律体系，如今的法律规则体系已经非常庞大。就目前的状况而言，实际上是制度供给足够充足，但没有很好地运用和实施现有规则，归根结底是法律实施出现了问题，而并非是缺少制度。如果人们在现有规则体系之上还不断地附加各种具体的、无限扩张的规则，这种现实无疑会造成“架空一般法”的状态，甚至会导致“技术官僚化”。例如，非常典型的是航空乘客权益受侵害事件。近年来，因航班延误、无故取消等原因使乘客利益受损，事实上，航空公司与乘客本来是合同关系，应由合同法来调整，如果非因不可抗力导致航班延误，则意味着航空公司违约，理应给予乘客相应赔偿。然而，民航业却强调其特殊性，认为针对航空公司与航空乘客之间的法律关系要进行特殊调整，因此，中国民用航空总局于 2004 年 6 月颁布了《对国内航空公司因自身原因造成航班延误给予旅客经济补偿的指导意见(试行)》。该意见只规定了航班延误 4 小时至 8 小时以及 8 小时以上的补偿办法，并未提及延误 4 小时之内的赔偿办法，这就让航空公司有机可乘，在实际操作之时就直接解释为“延误 4 小时之内免赔”，严重侵害航空旅客的权益，并破坏了人们对民航业的信任。事实上，根据合同法、消费者法的规定，只要航班延误，消费者就可以获得赔偿，而为何这样一个并不具有法律约束力的部门文件就可以让航空公司豁免责任,恣意侵害消费者权益呢？有关部门往往以行业特殊性为解释理由,但是“宜特则特”原则的出发点是为了保护消费者的利益,而不是戕害消费者的利益,如果这种“法外”特殊规定成为始作俑者,为何还要坚持此种“恶法”？

这在一定程度上说明,尽管一般法并非万能,其也无法解决全部的特殊问题,但是如果在非必要时增加特别法,忽视制定法,未必能实现预期效果。更糟糕的是,人们最终可能会不再信任制定法,甚至会造成法律缺乏普遍适用性的问题,导致形成畸形的规则体系,更会造成一种司法无所适从的状态。申言之,目前看似要解决权利不足、不够多与不够好的问题,而实际上这种权利的碎片、膨胀与不断泛化实际上无益于解决当下问题,而且可能让最终目标变得模糊。

另外,也有学者从国情主义法治观的角度批评消费者法,如邓正来教授认为,很多法学论文所关注的乃是有关“消费者”概念的明确性、有关消费者保护法律法规体系在逻辑上的自洽性、有关消费者保护法律法规在调整范围上的确定性,以及有关消费者权利在种类上的完善,而不是中国农民乃至中国人所经验的现实且具体的问题,更奢谈去研究和追问“消费者权利”在中国当下的政治经济安排或地方政府制度中为什么总是不能得到很好保护这样的“问题束”了。[1] 客观地讲,邓教授的分析具有一定道理,因为消费者法采取的是“选择性保护”的立法方式,直接以满足其生活需要、更近似于“都市化”的消费者个体为保护对象,缺省了

---

〔1〕 邓正来:《中国法学向何处去——建构“中国法律理想图景”时代的论纲》,商务出版社 2011 年版,第 137 页。

对中国“城乡二元结构”现实的关怀，是为一大遗憾，这也是未来应当将消费者纳入民事主体体系并使其重新回归自然人属性的重要原因之一。但从消费者法本身的立法理念与法律规则上来看，无论是何种消费者，只要其身处市场交易之中，就应当享有专属于消费者的权利，权益就应当受到保护，损害就应当得到救济，即便是农民消费者，只要其从事消费交易行为，其就享有专属于消费者的权利，并不存在所谓的“城乡二元对立”和“身份歧视”，因此，简单地以主体范围的不足而否定消费者法价值的观点未免有些偏颇。

消费者法可能是一个概括的法律称谓。从法律规则性质上来看，消费者法涉及公法与私法，公法主要涉及对经营者行为、价格、消费者教育等进行规制的行政法，私法主要涉及合同法、侵权法以及民事诉讼法等。从法律体系上来看，我国除《消费者权益保护法》之外，还包括《产品质量法》《食品安全法》《广告法》《旅游法》等。

从消费者法的产生角度来看，其规则的设定要超前于当时的社会发展状况，立法的规则理性要高于实践理性，因此相对于当时的消费实践发展，消费者法自其产生之初就在一定程度上存在立法预期高于社会发展的问题。消费者法是在市场经济发展较为薄弱以及人们权利意识较为淡薄之时产生的，与西方发达市场经济国家的消费者法相比，我国消费者法自产生之初就具有较为浓厚的“管制型立法”的特征，人们寄希望于国家应当严管经营者，追究经营者的行政责任等是法律实施的主要内容，而事实上并未反映消费者法的本质特征，即消费者法本应是建立在消费者弱势地位基础之上，赋予消费者不同于一般的、普通的民事主体的一些特殊权利，对其救济也主要仍然是依靠民事责任这一方式予以救济。

第二节 社会事实与法律实施

自“实证主义”一词第一次被使用（或许是在圣西门学派那里）以来，它就一直包含着如下意义：(1)认识依据对事实的经验而获得有效性；(2)认知活动以物理科学为确定性和精确性的模型；(3)相信知识要进步必须要以此为方向。由此出发，实证主义把各种形而上学、先验论和唯心主义当作蒙昧主义的落后的思想方式来加以反对。[1] 因此，从实证与实践出发，人们才能把握法律规则的实质价值及其作用机理。[2] 对于消费者法而言，只有观察其实施效果，才能充分了解可能存在的问题以及努力的方向。

从法的实施角度来看，自20世纪80年代以来，中国消费者权益保护的效果并不令人满意。

第一，侵害消费者权益的事件屡有发生，甚至有的事件表明经营者几乎无视法律，法律规制似乎呈现一种无能为力的状态。近些年，尽管官方从未公布或披露每一年消费者权益被侵害的事件或案件的统计数据，但官方也会针对消费者保护的事件或案例予以评论，以及会对一些地区性、行业性统计数据进行披露。从所披露的数据与情况来看，消费者权益几乎难以得到充分的保

〔1〕［美］赫伯特·马尔库塞：《单向度的人——发达工业社会意识形态研究》，刘继译，上海世纪出版集团2008年版，第85页。

〔2〕［美］赫伯特·马尔库塞：《单向度的人——发达工业社会意识形态研究》，刘继译，上海世纪出版集团2008年版，第137页。

护，即便维权，其维权成本也甚高。尽管消费市场在不断扩展，但民众感觉到自己的权利在经济增长过程中受到了侵犯，民众的这些感觉也许没有统计数字那么精确，但是，作为公共问题，民众的感受要比统计数字更值得重视。[1] 有数据统计，2011 年江苏省法院受理涉及消费者权益保护民事纠纷一审案件 8986 件，比 2010 年的 8228 件上升 9.21%。但此类案件与其他民事纠纷案件相比，仍然仅占民事案件较小比重。例如，2010 年江苏省法院受理一审民事案件 597505 件，此类案件仅占受理案件总数的 1.37%；2011 年江苏省法院受理一审民事案件 650198 件，此类案件占受理案件总数的 1.38%。[2] 以 2010 年至 2013 年最高人民法院和中国消费者协会的统计数据为例，全国地方法院共受理各类消费者维权一审案件 482545 件，同期全国地方法院共受理民商事一审案件 28785173 件，消费者维权案件仅占 1.68%。与此同时，2010 年至 2013 年全国各级消费者协会组织受理消费者投诉多达 2519340 件，法院受理消费者维权一审案件仅占 19.15%。诚然，消费者在其合法权益受到侵害时选择放弃维权者占绝大多数，中国新闻网 2009 年针对消费者维权意识所作的一项有着 2012 名消费者参与的调查显示，在当消费者合法权益受到侵害时，受调查者选择“默默忍受”高达63.817%，而选择“向消协求助”仅占 5.467%。倘若前述两项调查数据均符合中国当前消费者维权实际情况，则受害消费者提起消费维权诉讼的概率仅为

---

〔1〕 秋风：《政府的本分》，江苏文艺出版社 2010 年版，前言。

〔2〕 江苏省高级人民法院民一庭课题组：《引导消费维权　强化司法保护》，载《江苏法制报》2012 年 3 月 13 日。

1%。[1]这些数据表明,尽管司法机关受理的消费者诉讼案件数量占比不高,但事实上却潜在较多消费者权益受损事件,可能大部分事件并未进入向消费者协会投诉或诉讼程序,因而并未引起足够的重视。消费者的“默默忍受”则说明,一方面可能是基于消费权益受损事件往往可能较小,消费者不愿意花费相应人力、物力去处理;另一方面消费者可能对获得胜诉或获得消费者协会妥善解决的预期并不高,这实际上反映的是人们对消费者法的预期不高或预期具有不确定性。

第二,在目前实施《消费者权益保护法》新制度的过程中,也遭遇种种问题,难以实现对消费者的有效救济。其中,有两个问题表现极为突出:其一,消费者的后悔权难以得到保障,无理由退货制度无法有效实施。作为2013年新修改的《消费者权益保护法》中的亮点内容,该法第25条规定了网络等新型购物方式的无理由退货制度,即在采用网络、电视、电话、邮购等新型购物方式购买商品的消费者,自收到商品之日起7日内,享有无理由退货的权利,该制度受到社会的广泛关注。然而,由于该条规定过于粗疏,并没有规定具体的操作程序,因此该规定实际操作起来并没有那么顺利,商家在履行所谓的“无理由退货义务”时往往附加诸多限制性条件,消费者难以享有真正的无理由退货权。[2]其二,消费者集体性损害赔偿团体诉讼目前难以实现。根据《民事诉讼法》第55条以及《消费者权益保护法》第47条的规定,对侵

---

〔1〕 黄忠顺:《消费者集体性损害赔偿诉讼的二阶构造》,载《环球法律评论》2014年第5期。

〔2〕 《新〈消费者权益保护法〉实施网购退货仍非随心所欲》,载中国江苏网:http://jsnews.jschina.com.cn/system/2014/04/14/020768616.shtml,2016年8月1日最后访问。

害众多消费者合法权益的行为，中国消费者协会以及在省、自治区、直辖市设立的消费者协会可以向人民法院提起诉讼。在新修改的《消费者权益保护法》中，亮点之一即消费者协会有权提起公益诉讼，从解释论的角度而言，公益诉讼应当既是消费者协会的权利又是其职责。然而，近几年的实践表明，各地消费者协会虽然“蠢蠢欲动”却又不敢实质性开动这一程序。[1] 最高人民法院于2016年4月公布了《关于审理消费民事公益诉讼案件适用法律若干问题的解释》，这为中国消费者公益诉讼提供了判案依据。2016年7月26日，中国消费者协会宣布起诉雷沃重工股份有限公司，这是《消费者权益保护法》修订颁布以来，中国消费者协会提起的首次公益诉讼。然而，在省级消费者协会这一层面，目前尚未发现任何公益诉讼案例，如果连具有法律授权的集体组织都无法提起团体诉讼，力量绵薄的消费者又何谈救济自己的权利。

第三，“知假买假”、消费民事公益诉讼等超越法律文本的“中国式问题”成为消费者法的典型标签。在讨论中国消费者法之时，“知假买假”与“王海现象”似乎成为一个“贬义标签”，有学者认为，从解释论的角度来看，综合《消费者权益保护法》第55条第1款、最高人民法院《关于贯彻执行〈中华人民共和国民法通则〉若干问题的意见（试行）》（以下简称《民通意见》）第68条，欺诈行为的构成，不仅要有客观的行为（告知对方虚假情况或者隐瞒真实情况）和主观故意，而且还要有“诱使对方当事人作出错误意思表示”方可，然而知假买假者并没有因为经营者的欺诈行为而陷于错误，因而不构成“欺诈行为”，不发生惩罚性赔偿请

〔1〕 黄忠顺：《消费者集体性损害赔偿诉讼的二阶构造》，载《环球法律评论》2014年第5期。

求权。[1] 原国家工商行政管理总局发布的《侵害消费者权益行为处罚办法》(2015 年 3 月 15 日起施行)第 16 条对欺诈行为的认定中,与《民通意见》第 68 条相比,行为人主观故意要件被弱化或者无视了。[2] 近年来,中国司法实践中对待"知假买假"与"知假打假人"的态度在不断转变,此种转变也使法律规则的安定性与可预期性大大降低。在世界范围内,这都成为一个典型的"中国问题"。就上述消费者公益诉讼而言,也难以套用传统公益诉讼模型或框架,在中国进行一定制度上的改造。"知假买假"与消费民事公益诉讼成为典型的"中国问题",而在实践中不断探索解决之道。

第三节 消费者"身份"与"权利"的滥用倾向

不得不提的是,"消费者"这一身份在当下中国理论界实际上有被滥用的倾向。同时,只要"消费者"一词一出现,所有理论的分析范式与结论就基本上归为"弱者""需要加强保护"等,这似乎成为了消费者法颠扑不破的真理,而在解决路径上却通常乏善可陈,基本上是相对缺乏可操作性的较为笼统的保护方式和应当加强治理云云。

---

〔1〕 韩世远:《消费者合同三题:知假买假、惩罚性赔偿与合同终了》,载《法律适用》2015 年第 10 期。

〔2〕 韩世远:《消费者合同三题:知假买假、惩罚性赔偿与合同终了》,载《法律适用》2015 年第 10 期。

一、消费者概念被冗赘与不科学地极度细分

当下,新兴行业层出不穷,市场交易类型与消费方式不断翻新,这也是中国目前处于市场经济繁荣与转型时期的重要特征之一。正是在这种前提下,一个抽象意义上的“消费者”就可能时常处于变动不居的各种市场交易之中。例如,一个消费者可能会购买投资理财产品、从事电子商务交易、订立旅游合同、购买预付卡、成为航空乘客等,类型之多,不胜枚举。面对这种急速变化的社会实践,诸多人主张法律对此应当给予回应,其理由是:目前的消费者法无法对某类特殊消费者予以保护,因此,要先通过法律来确认某类消费者的主体地位,再确定其所享有的独特权利,进而再规定特殊的救济方式。那么,依循此种思路,消费者的概念就势必扩张并相继具象化为一系列特殊的消费者,如金融消费者、电子商务消费者、旅游消费者、预付卡消费者以及航空消费者等。随着社会与技术的发展,消费领域已逐渐细化,消费形式也在推陈出新,这是事实,但是否有必要将“消费者”这一主体从相对统一与抽象,塑造为必须与消费领域相匹配以及极度具体的“人像”?著名的“奥卡姆剃刀定律”提出,“如无必要,勿增实体”,在一定程度上可以成为理解与解决这一问题的基本思路,即如无必要,勿增主体;如无必要,勿增理论。

二、消费者权利被不当地演绎

尽管消费者权利的保护非常重要,并不意味着文本意义上的权利增加就能使消费者获得保护。诚如前述所言,社会事实、法律文本与法律实施之间存在天然的张力,但如果一旦此张力并不

平衡,则意味着这个“三角形”可能就并不稳定,额外负担可能会造成并不尽如人意的效果。因此,正如本书的主线所主张的,法律文本必须基于社会事实,同时具有一定的前瞻性,实现法的安定性,同时更要力主强调实施意义上的法律,向法律实施寻求效果,文本意义上的法律增多并非意味着法律或法治就尽善尽美。只有让几者保持一种良好的稳定状态,才能真正实现法律的目的。

当下,要求增加消费者权利的主张大致可分为三类:

第一,主张增加消费者的实体权利与程序权利。例如,要求确立消费者获取基本金融服务权、信用权,要求建立小额纠纷解决机制、消费公益诉讼制度,等等。

第二,在传统的专属于消费者的权利之上附加一定主体特色之后再形成新的权利。例如,主张金融消费者、电子商务消费者应当享有区别于普通消费者的知悉真情权、隐私权以及求偿权,航空消费者应当享有特殊的求偿权,等等。

第三,基于消费者的权利而衍生出相关权利或制度。例如,主张增加食品安全权,网络交易平台服务主体的先行赔付制度,产品生产者的跟踪观察义务,等等。[1] 不难看出,这些权利主张之所以产生,其基本的逻辑是——消费者的权益无法实现主要是因为消费者的权利不够多,而权利的类型与内容设定要与各异的消费形式相呼应,与各类新型消费主体相对应。上述权利中,除信用权之外,实际上大部分权利主张是在现有的消费者法定权利的基础上推演出的一系列具体权利形态。这个问题可以被转化

---

〔1〕 有关具体权利主张的已有研究成果颇多,此处未予列举,在各种数据库中均可检索到。

为另一个问题——到底是消费者权利不够多还是权利无法实现？毫无疑问，法律文本上的权利已经足够多，主要是因为实践中权利无法实现，而往往又驱动乏力，而人们在研究对策之时又回到完善法律文本。

三、职业打假人是否为消费者？——中国司法实践中的争论

消费者权利是一个在全世界范围内都被持续关注的话题，也为经济学、社会学与法学各个学科所持续研究。经济学侧重于关注消费者主权、消费者福利、信息不对称及议价能力等与消费者权利之间的关系，社会学侧重于从社会经验关注消费者及其消费行为，如消费倾向、消费文化、消费结构等可能对消费者权利产生的影响等；而法学则侧重于构建消费者与经营者之间的平等、公平关系，进而构建相关理论与设置法律规则，而法律更重要的意义在于其通过具体案件中的裁判而对消费者进行保护。

近年来，在消费者法领域，一个引起较大社会反响并被中国司法界所非常关注的问题，即“知假买假”与“职业打假人”现象，这也在中国法学界引起激烈争论。在整个争论中，围绕着消费者定义、知假买假、职业打假人、惩罚性赔偿等，大致可归结为以下几个问题：

第一，法律上框限“消费者”定义是否合理？如不合理，将如何对待该条款。

第二，职业打假人是否为法律意义上的消费者？其在诉讼中要求惩罚性赔偿是否支持？

第三，《消费者权益保护法》第55条、《食品安全法》第148条惩罚性赔偿条款究竟如何适用？对于该第55条所规定的惩罚性

赔偿适用前提——“经营者提供商品或者服务有欺诈行为的”以及该第148条所规定的——“消费者因不符合食品安全标准的食品受到损害的”，究竟如何认定？

第四，知假买假是否构成私人执法行为？是否具有正当性？如何看待以利用惩罚性赔偿进行逆向选择为职业的“职业打假人”？如何进行相应价值判断？

第五，司法实践中对待“知假买假者”、“职业打假人”的态度转变是否符合法律初衷？如何对其进行法价值判断？

（一）消费者与职业打假人

1.“消费者”的法律概念

中国自1978年开始改革开放以来，逐步建立社会主义市场经济体制，市场要发展，必然要有规则，而当时虽然对法治或法律重视程度并不高，但是国家也意识到，市场基本秩序的维护也必然要依靠各种法律规则，如有关竞争的规则以及保护消费者的规则等。[1]而消费者法制定之时，正值社会主义市场经济发展初期，市场尚未发展成熟，当时的消费者权益保护法基本系以“管制法”的面貌出现。

一般认为，中国法律意义上对消费者的定义即《消费者权益保护法》第2条。中国各种法律在制定之时，总要专门规定一条有关该法的“调整范围”，如《民法总则》第2条规定“民法调整平等主体的自然人、法人和非法人组织之间的人身关系和财产关系”；《合同法》第2条规定，“本法所称合同是平等主体的自然人、

---

〔1〕 Mary Ip, "Chinese Consumer Law: Recent Development and Implication", *International Journal of Business* 2, 2001, p. 113.

法人、其他组织之间设立、变更、终止民事权利义务关系的协议。婚姻、收养、监护等有关身份关系的协议，适用其他法律的规定”。前述《消费者权益保护法》第 2 条虽然正面看似是规定“消费者”定义，实则是以规定“调整范围”的目的而出现，该条用以划分消费者权益保护法与其他法律的界限。而由于此种对“调整范围”的框定，就使得对“消费者”本身也进行了一种价值判断意义上的选择与限定。此种限定性定义给司法实践带来了极高的风险。在具体案件中，法官首先要根据这一条的规定判定相关行为人是否为消费者，进而再考虑个案中的具体情况。

《消费者权益保护法》制定于 1993 年，2013 年修订之时，第 2 条争议较大，主要集中在四个方面：第一，是否修改“为生活消费需要”的表述；第二，是否将金融、医疗、教育等纳入本法调整范围；第三，“知假买假”行为是否受本法保护；第四，消费者是否限于自然人。[1]

对于前述第一个问题是否需要修改“为生活消费需要”，有人认为，实践中“为生活消费需要”理解不尽一致，适用较为混乱，建议修改为“非以生产经营或者职业活动为目的”或者“为个人或者家庭需要”；还有人认为“生活消费需要”已不能完全适应社会发展，建议扩大调整范围；或者删除此种表述，规定任何人只要不是为了将商品再次转售或者不是为了从事某种商品交易活动，就应被纳入调整范围。而立法机关对上述两种观点均持否定态度，认为“为生活消费需要”的内涵很丰富，随着社会经济的发展而发展，并非一成不变，反而可以为法律适用留有余地，同时如此规定

〔1〕 李适时主编：《中华人民共和国消费者权益保护法释义》，法律出版社 2013 年版，第 6 页。

有利于划清消费者权益保护法与其他法律的界限;有利于法院和行政机关正确适用法律;其他表述并不比该表述更为恰当。[1] 有关知假买假的修法意见,本书将在下文分析。尽管该条存在争议达近二十年之久,但是在2013年修改之时,却仍然未作任何变动,也使"知假买假"中如何认定消费者身份等问题的潜在风险继续存在。

2. 惩罚性赔偿

《消费者权益保护法》第2条有关争议姑且搁置,现实生活中之所以出现"知假买假",给"知假买假"者带来更大诱惑力或者"动力"的实际上是一个在中国极为特殊的制度——消费者法上的惩罚性赔偿制度。

惩罚性损害赔偿是损害赔偿的一种,与补偿性损害赔偿相对,是指当被告以恶意、故意、欺诈或放任之方式实施加害行为而致原告受损时,原告可以获得除实际损害赔偿金之外的损害赔偿。因其目的在于对被告施以惩罚,以阻止其重复实施恶意行为,并给他人提供警戒和保护公共和平,故惩罚性损害赔偿通常不适用于违约行为,而多适用于侵权行为。而且单纯的过失亦不能导致惩罚性赔偿。[2] 惩罚性赔偿,也被描述为"准犯罪",类似于"私人罚金",目的在于惩罚被告并阻却未来的错误。陪审团的判断标准主要基于原告损害这一基础事实,然而惩罚性赔偿更类

---

〔1〕 李适时主编:《中华人民共和国消费者权益保护法释义》,法律出版社2013年版,第7~8页。

〔2〕 Bryan A. Garner, *Black's Law Dictionary*(Ninth Edition), West, 2009, p. 448.

似于一种道德谴责。[1] 在美国,惩罚性赔偿最早在 1784 年的 Genay v. Norris 一案中被确认。[2] 惩罚性赔偿在美国广泛适用,但同时也与其法律价值取向、法律传统、陪审制度、民事诉讼制度、律师制度等紧密相关。事实上,作为一种体现矫正正义的制度,有论者指出,“于私法中实现的校正(rectification)或矫正正义不简单地是因损害承担责任,进而恢复事实意义上之均衡的问题。其是恢复规范意义上、而非事实意义上之均衡的问题”。[3] 也就是说,其在规范意义上的恢复正义的价值,远大于事实意义上的正义恢复。

尽管惩罚性赔偿制度基于其合宪性、使刑法和民法的界限变得模糊、原告取得巨额赔偿金不具合理性、数额难以确定而可能会导致该制度被滥用以及过高的惩罚性赔偿可能会阻碍经济发展等方面的质疑,但是惩罚性赔偿也因其对加害行为具有一定的惩罚、遏制和阻喝作用以及在中国的大背景之下,对经济发展和法治建设具有特殊意义等原因而获得支持。[4] 有学者提到,就惩罚性赔偿的制度选择而言,我国侵权责任法的起草也许是“生逢其时”:近年来缺陷食品和药品造成多数受害人严重人身损害的案件时有发生,媒体的广泛报道、社会公众的深切关注和公权部

---

〔1〕 Cooper Indus. v. Leatherman Tool, 532 U. S. 424, 432, 121 S. Ct. 1678, 1683 (2001) (per Stephens, J.), adapted from Bryan A. Garner, *Black's Law Dictionary (Ninth Edition)*, West, 2009, p. 448.

〔2〕 Genay v. Norris, 1 . S. C. L. 3, 1 Bay 6(1784).

〔3〕 Benjamin C. Zipursky:《私法哲学》,蔡立东译,载[美]朱尔斯·科尔曼(Jules Coleman)、斯科特·夏皮罗(Scott Shapiro)主编:《牛津法理学与法哲学手册》(下册),杜宴林、朱振、韦洪发等译,上海三联书店 2017 年版,第 699 页。

〔4〕 David F. Partlett, "Punitive Damages: Legal Hot Zones", *La. L. Rev.* 56, 1996, pp. 781, 797). 转引自王利明:《美国惩罚性赔偿制度研究》,载张新宝主编:《侵权法评论》(第 2 辑),人民法院出版社 2003 年版。

门的强力处置使立法机关和学者不约而同地将目光投向惩罚性赔偿制度。[1]

在中国法体系内,典型的惩罚性赔偿条款主要包括《侵权责任法》第 47 条、《消费者权益保护法》第 55 条、《食品安全法》第 148 条以及最高人民法院《关于审理商品房买卖合同纠纷案件适用法律若干问题的解释》(以下简称《商品房买卖合同纠纷司法解释》)第 8 条和第 9 条等。从学术研究成果来看,学术界对惩罚性赔偿在大陆法系和英美法系中的性质与作用的认识基本达成共识,对惩罚性赔偿的原貌呈现基本无异议,但是对惩罚性赔偿在中国语境中的性质、意义等方面的认识,却从未停止过争论,至今基本上尚未达成共识。关于《消费者权益保护法》第 55 条第 1 款和《商品房买卖合同纠纷司法解释》第 8 条、第 9 条,大部分学者认为是合同责任,但也有学者认为该条属于侵权责任。[2] 有学者认为,"在中国法的语境中,惩罚性赔偿制度的最初定位是很特殊的,它不同于普通法系惩戒'具有类似犯罪性质'(quasi - criminal in nature)之恶意侵权行为的旨趣,[3]而主要是用于震慑合同欺诈行为,通常发生于具有合同关系的当事人之间,赔偿对象是消费者和商品房买受人。因此中国法语境中的惩罚性赔偿具有浓郁的合同责任色彩"。[4]

而从司法实践等角度来看,目前一般认为《消费者权益保护

[1] 张新宝:《惩罚性赔偿的立法选择》,载《清华法学》2009 年第 4 期。

[2] 张新宝:《惩罚性赔偿的立法选择》,载《清华法学》2009 年第 4 期。

[3] Victor E. Schwartz, Kathryn Kelly, David F. Partlett, *Torts : Cases and Materials* (Twelfth edition), Foundation Press, 2010, p. 568. 转引自税兵:《惩罚性赔偿的规范构造——以最高人民法院第 23 号指导性案例为中心》,载《法学》2015 年第 4 期。

[4] 税兵:《惩罚性赔偿的规范构造——以最高人民法院第 23 号指导性案例为中心》,载《法学》2015 年第 4 期。

法》第55条第2款是《侵权责任法》第47条的具体化,《消费者权益保护法》第55条第1款、《食品安全法》第148条和《商品房买卖合同纠纷司法解释》属于合同法意义上的惩罚性赔偿,即消费者与经营者之间必须存在在先的买卖合同关系,否则无法适用。

《消费者权益保护法》第55条第1款和《食品安全法》第148条究竟如何适用?第55条第1款中提道,“经营者提供商品或者服务有欺诈行为的”,如何认定其中的“欺诈行为”?有学者认为,从解释论的角度来看,综合《消费者权益保护法》第55条第1款以及民事基本法上有关欺诈的构成要件(《民通意见》第68条),有关欺诈行为的构成,不仅要有客观的行为(告知对方虚假情况或者隐瞒真实情况),具有主观故意,而且还要有“诱使对方当事人作出错误意思表示”方可,然而知假买假者是“明知”是假货,而并没有因为经营者的欺诈行为而陷入错误,因而不构成“欺诈行为”,不发生惩罚性赔偿请求权。[1] 原国家工商行政管理总局发布的《侵害消费者权益行为处罚办法》(2015年3月15日起施行)第16条对欺诈行为也进行了规定:“经营者有本办法第五条第(一)项至第(六)项规定行为之一且不能证明自己并非欺骗、误导消费者而实施此种行为的,属于欺诈行为。经营者有本办法第五条第(七)项至第(十)项、第六条和第十三条规定行为之一

---

〔1〕 韩世远:《消费者合同三题:知假买假、惩罚性赔偿与合同终了》,载《法律适用》2015年第10期。

的,属于欺诈行为。"[1]有学者指出,与《民通意见》第68条相比,相关规定中行为人主观故意要件被弱化或者被无视。[2] 换言之,作为民事特别法的《消费者权益保护法》和部门规范性文件将上位"法律"之中的基本构成要件在相当程度上被改变,而可能会制造更大的风险。正是由于对《消费者权益保护法》中惩罚性赔偿条款的适用被简化,其在法律适用时本身应具有的"欺诈+惩罚性赔偿"的结构直接被"事实+惩罚性赔偿"所替代,这样导致人们很容易对法律适用与法律后果进行推断,而此种错误也似乎不当地加强了一种法律适用的"确定性"。这也为其后大规模的职业打假人的"逆向选择"提供了一个事实基础。

就《食品安全法》第148条而言,该条第1款规定,"消费者因不符合食品安全标准的食品受到损害的,可以向经营者要求赔偿损失,也可以向生产者要求赔偿损失。接到消费者赔偿要求的生产经营者,应当实行首负责任制,先行赔付,不得推诿;属于生产

〔1〕《侵害消费者权益行为处罚办法》第5条规定:"经营者提供商品或者服务不得有下列行为:(一)销售的商品或者提供的服务不符合保障人身、财产安全要求;(二)销售失效、变质的商品;(三)销售伪造产地、伪造或者冒用他人的厂名、厂址、篡改生产日期的商品;(四)销售伪造或者冒用认证标志等质量标志的商品;(五)销售的商品或者提供的服务侵犯他人注册商标专用权;(六)销售伪造或者冒用知名商品特有的名称、包装、装潢的商品;(七)在销售的商品中掺杂、掺假,以假充真,以次充好,以不合格商品冒充合格商品;(八)销售国家明令淘汰并停止销售的商品;(九)提供商品或者服务中故意使用不合格的计量器具或者破坏计量器具准确度;(十)骗取消费者价款或者费用而不提供或者不按照约定提供商品或者服务。"第13条规定:"从事服务业的经营者不得有下列行为:(一)从事为消费者提供修理、加工、安装、装饰装修等服务的经营者谎报用工用料,故意损坏、偷换零部件或材料,使用不符合国家质量标准或者与约定不相符的零部件或材料,更换不需要更换的零部件,或者偷工减料、加收费用,损害消费者权益的;(二)从事房屋租赁、家政服务等中介服务的经营者提供虚假信息或者采取欺骗、恶意串通等手段损害消费者权益的。"

〔2〕韩世远:《消费者合同三题:知假买假、惩罚性赔偿与合同终了》,载《法律适用》2015年第10期。

者责任的，经营者赔偿后有权向生产者追偿；属于经营者责任的，生产者赔偿后有权向经营者追偿”。第2款规定，“生产不符合食品安全标准的食品或者经营明知是不符合食品安全标准的食品，消费者除要求赔偿损失外，还可以向生产者或者经营者要求支付价款十倍或者损失三倍的赔偿金；增加赔偿的金额不足一千元的，为一千元。但是，食品的标签、说明书存在不影响食品安全且不会对消费者造成误导的瑕疵的除外”。该条对惩罚性赔偿的要求是一种“（食品）不符合食品安全＋损害＋惩罚性赔偿”的结构，但在实践中对于如何认定“损害”却存在一定模糊或不合理之处，本书将在其后进行分析。

3. 知假买假与职业打假人

自1995年“王海打假案”以来，“知假买假”逐渐演变为一类备受关注的社会和法律现象，这些主体以寻找假货或不符合国家规定标准的商品为基本的行为方式，以法律上（《消费者权益保护法》第55条、《食品安全法》第148条）的惩罚性赔偿为索赔依据，提起相应索赔诉讼，这一类人被称为“职业打假人”。“职业打假人”原本并不是一个“贬义表述”，而是一个中性表述，旨在表达在中国市场经济初期、制定《消费者权益保护法》时的打击假冒伪劣商品的背景，消费者群体中出现以抗争假货、与卖假者作斗争的一类群体，他们最初是以“维权斗士”的形象出现的，而随着经济发展和法律责任严格化，该类群体的行为似乎发生了一定异化，从当初寻找假货、打击假货比较集中地转变为寻找质量不符合国家规定标准的商品，并非是基于私力救济对抗假货，[1]而是因为要获得惩罚性赔偿而提起诉讼或者讹诈经营者。这种“职业打假人”现象造成其与经营者群体的极大冲突。一般而言，知假买假者一般不会首先选择向监管部门投诉或诉诸法律，而是以经营者为目标，以敲诈为手段，从而实现自身牟利目的。例如，有的打假人多次购买同一问题商品并分次起诉，试图获得多份惩罚性赔偿；有的打假人甚至通过不当手段获利，如先到超市将临近保质期的商品藏在角落，不让超市工作人员及时发现，一旦保质期届满就马上将藏起来的过期商品买下，向商家进行索赔。[2] 这些行为事实上都是基于打假人行为变化而导致行为的性质发生变异，他们利用法律规则并进行逆向选择，这些都使这类群体逐渐与消费者群体发生决裂，他们并非关注公众利益，而只追求自身牟利；他们并非有助于实现消费者权益，而在一定程度上成为戕害社会经济的一类群体。在现实生活中，知假买假者恰是利用惩罚性赔偿这一条款进行了逆向选择，因此这也对消费者身份的判断提出更大挑战。之所以如此，一是“职业打假人”也从事了消费行为，具备“消费者”这一形式上的外观；二是“职业打假人”的行为目的却并不符合消费者系“为生活消费需要”这一法律限定。“职业打假人”的行为方式和行为目的之恶意，在不同程度上侵害消费者和经营者的利益，这也是之后司法实践态度转变的重要原因。

---

〔1〕 在现实中，这些职业打假人也并非完全基于假货，他们可能是因为商品、食品标识等不符合国家有关规定，而提起惩罚性赔偿诉讼；或者由于商品、食品标识不符合国家有关规定，国家会对经营者进行处罚，职业打假人也往往以此威胁经营者。

〔2〕 裘立华、张钟文：《浙江高院：“职业打假人”诉讼增多隐患不少》，载中国法院网：https://www.chinacourt.org/article/detail/2015/03/id/1567368.shtml#6645367 - tsina - 1 - 23833 - 8146f288d6e862c69dbee60f4449c31d，2018 年 11 月 5 日最后访问。

有论者认为,在“知假买假者是否属于消费者”这一问题上,如果采取“一刀切”的做法,简单地作出肯定或者否定的回答,要么浪费这股私人执法力量在治理消费市场上的积极功效(否定回答时),要么会激励一些职业索赔人实施“知假买假”等一系列有害于消费市场秩序的机会主义行为(肯定回答时)。[1] 齐普斯基(Benjamin C. Zipursky)在其所著《私法哲学》一文中指出,“三倍损害赔偿的规定意在鼓励私人提起诉讼”。如以反垄断法为例,“反垄断法的主要目标是保护消费者利益。由于在贸易上共谋不易确证,通常是私人居于辨别和主张违反反垄断法之行为已发生的有利地位。在这个意义上,向原告提供私的诉讼权利的法律规定应该被解释为旨在为公共利益强化法律的实施”。[2] 事实上,与“知假买假者是消费者”和“知假买假者不是消费者”这两种常被提及和讨论的方案相比,把目光转向“何种知假买假对社会是有益的,应给予支持”和“何种知假买假是有害的,应予以抑制”这样的设问会有更高的价值。换句话说,与这两种方案对“知假买假者的消费者身份”的追问相比,转向对知假买假者所针对产品的安全性或误导性的考察会是一种更好的选择。[3] 事实上,此种观点颇具合理性,其意义在于中国所面对的问题不仅是如何认定知假买假者是否为消费者,更重要的是在于中国的假冒伪劣商品、不符合食品安全标准或虚假宣传的商品为何屡禁不绝。也就

---

〔1〕 熊丙万:《法律的形式与功能 以“知假买假”案为分析范例》,载《中外法学》2017 年第 2 期。

〔2〕 Benjamin C. Zipursky:《私法哲学》,蔡立东译,载[美]朱尔斯·科尔曼(Jules Coleman)、斯科特·夏皮罗(Scott Shapiro)主编:《牛津法理学与法哲学手册》(下册),杜宴林、朱振、韦洪发等译,上海三联书店 2017 年版,第 718 页。

〔3〕 熊丙万:《法律的形式与功能——以“知假买假”案为分析范例》,载《中外法学》2017 年第 2 期。

是说，为什么目前似乎只有中国出现了“知假买假”这一问题，在世界范围内的其他国家似乎并不涉及这一问题。这可能才是值得我们更加深入思考的问题。

（二）司法实践的态度

1. 最高人民法院指导性案例

最高人民法院于2013年12月颁布的《关于审理食品药品纠纷案件适用法律若干问题的规定》第3条明确规定：“因食品、药品质量问题发生纠纷，购买者向生产者、销售者主张权利，生产者、销售者以购买者明知食品、药品存在质量问题而仍然购买为由进行抗辩的，人民法院不予支持。”事实上，这在一定程度上确认了“知假买假”者并非不是消费者，并且可能受到法律保护。

2014年1月26日，最高人民法院第六批指导性案例发布了孙银山诉南京欧尚超市有限公司江宁店买卖合同纠纷案（第23号指导案例）。该案基本案情如下：2012年5月1日，原告孙银山在被告南京欧尚超市有限公司江宁店（以下简称欧尚超市江宁店）购买“玉兔牌”香肠15包，其中价值558.6元的14包香肠已过保质期。孙银山到收银台结账后，即径直到服务台索赔，后因协商未果诉至法院，要求欧尚超市江宁店支付14包香肠售价十倍的赔偿金5586元。该案裁判要点明确指出，消费者购买到不符合食品安全标准的食品，要求销售者或者生产者依照食品安全法规定支付价款十倍的赔偿金或者依照法律规定的其他赔偿标准赔偿的，无论其购买时是否明知食品不符合安全标准，人民法院都应予支持。

有论者认为，在第23号指导案例中，为了逐项认定法律所规定的“消费者”和“经营者销售明知是不符合食品安全标准的食品”两项要件事实，法官也分析并适用了其他相关法条。特别是对于“消费者”概念的扩张解释，扭转了此前“知假买假”者在各地司法实践中屡屡败诉的不利状况。该指导性案例与《关于审理食品药品纠纷案件适用法律若干问题的规定》实际上保持了一致，事实上是将“为生活消费”的“消费者”扩大到“知假买假”者，因此仍然具有“参照”意义。[1] 有论者统计了最高人民法院相关指导案例引用情况，该23号指导案例为近年来应用于司法实践较多的案例，在该次统计的92个案例中，位列第四名。[2] 可见，由于该指导案例所涉及的问题为近年来消费者法的重要争论议题，示范效应较强，因此在司法实践中，法官往往会参考该指导案例。

2. 司法文件

尽管指导性案例支持“知假买假”者，但是近年来，由于“职业打假人”越来越多，一些地方人民法院又转变了态度，陆续以文件形式就“知假买假”等问题表明态度。

例如，深圳市中级人民法院在《关于审理涉及食品安全民事案件裁判标准的审判长联席会议纪要》（2016年3月）中提道，“消费者因购买不符合食品安全标准的食品获得惩罚性赔偿后，再次购买相同或者相似不符合食品安全标准的食品，或者消费者一次性购买不符合食品安全标准的食品数量明显超过普通消费者的正常生活需要的，可以认定其是以营利为目的的专门购买不符

---

〔1〕 曹志勋：《论指导性案例的“参照”效力及其裁判技术——基于对已公布的42个民事指导性案例的实质分析》，载《比较法研究》2016年第6期。

〔2〕 郭叶、孙妹：《最高人民法院指导性案例司法应用情况2017年度报告》，载《中国应用法学》2018年第3期。

合食品安全标准的食品”。

重庆市高级人民法院在《关于审消费者权益保护纠纷案件若干问题的解答》(2016 年 4 月)中指出,“明知商品或服务存在质量问题而仍然购买的人是消费者。但是,明知商品或服务存在质量问题而仍然购买的人请求获得惩罚性赔偿的,因有违诚信原则,人民法院不予支持”。

但是,江苏省高级人民法院对相应行为作出一定区分。该院在《关于审理消费者权益保护纠纷案件若干问题的讨论纪要》(2016 年 12 月)中指出,对于食品消费领域,惩罚性赔偿的构成要件为生产者生产不符合食品安全标准的食品,或者销售者经营明知是不符合食品安全标准的食品,不以消费者陷入错误为要件。对于食品、药品消费领域,购买者明知商品存在质量问题仍然购买,其主张惩罚性赔偿的,人民法院予以支持,但自然人、法人或其他组织以牟利为目的购买的除外;而非食品、药品消费领域,购买者明知商品或服务存在质量问题仍然购买商品或接受服务,其主张惩罚性赔偿的,人民法院不予支持。

2017 年 5 月,最高人民法院在《最高人民法院办公厅对十二届全国人大五次会议第 5990 号建议的答复意见》(法办函〔2017〕181 号)中指出,“对于知假买假行为如何处理,知假买假者是否具有消费者身份的问题,应当说,自职业打假人自出现以来,对于增强消费者的权利意识,鼓励百姓运用惩罚性赔偿机制打假,打击经营者的违法侵权行为产生了一定积极作用。但就现阶段情况来看,职业打假人群体及其引发的诉讼出现了许多新的发展和变化,其负面影响日益凸显。基于以下考虑,我们认为不宜将食药纠纷的特殊政策推广适用到所有消费者保护领域。按照《消费者权益保护法》第五十五条的规定，在普通消费产品领域，消费者获得惩罚性赔偿的前提是经营者的欺诈行为。民法上的欺诈，按照《民法通则意见》第六十八条的解释，应为经营者故意告知虚假情况或故意隐瞒真实情况，使消费者作出了错误意思表示。而对于知假买假人而言，不存在其主观上受到欺诈的情形。因此，考虑食药安全问题的特殊性及现有司法解释和司法实践的具体情况，我们认为目前可以考虑在除购买食品、药品之外的情形，逐步限制职业打假人的牟利性打假行为”。最高人民法院的这一文件中，对待职业打假人的态度非常明确，即“限制”，言外之意是不再支持。

3. 类型化案例

通过梳理和汇总相关食品、商品惩罚性赔偿相关裁判文书，[1]笔者发现，在司法实践中，法院对适用消费者权益保护法或食品安全法惩罚性赔偿的事实认定和法律适用并不相同，“同案不同判”的情况屡见不鲜。

（1）不支持惩罚性赔偿诉讼请求

第一，以产品标识错误或包装瑕疵不属于《食品安全法》第148条第1款规定的“不符合食品安全标准”的食品为由，而不支持原告诉讼请求。例如，在刘某玉诉欧本咖啡（北京）有限公司买卖合同纠纷上诉案中，一审法院认为，案涉食品外包装虽存在标签瑕疵，但不影响食品安全也不会对消费者造成食品安全方面的误导，则不支持十倍赔偿诉讼请求。二审法院另外认为，“案涉产品标识是否符合食品安全标准系一个法律判断问题，应由法院依

[1] 本文所有案例均来源于“北大法宝”数据库。

法进行认定”。[1] 在时某栋与淄博大润发商业有限公司产品销售者责任纠纷上诉案中，法院认为，商品标识部分错误，并非不符合食品安全标准，因此不支持原告十倍赔偿请求。[2]

第二，以未遭受人身、财产等实际损害为由，而并未支持原告诉讼请求。例如，在刘某福与青岛乐天超市有限公司侵权责任纠纷案中，法院则认为《食品安全法》中的惩罚性赔偿系侵权责任纠纷，上诉人主张十倍赔偿，应举证证明其因涉案商品不符合食品安全标准而受到损害。由于原告无法举证证明“所购的酒足以对人体造成任何急性、亚急性或慢性危害”，因而未支持其十倍赔偿诉讼请求。[3]

第三，以原告不具有消费者身份，不支持原告诉讼请求。例如，在余某辉与佛山市苏宁云商销售有限公司顺德南国中路店买卖合同纠纷上诉案中，一审、二审法院均认为，经营者对消费者购买手机的分辨率认知不存在欺诈行为，而且余某并非真实的消费者，因而并未支持原告的诉讼请求。[4]

(2)支持惩罚性赔偿诉讼请求

相比之下，法院支持惩罚性赔偿诉讼请求的理由相对比较一致，基本上以经营者构成欺诈或系争食品不符合食品安全标准为由。例如在北大法宝所统计的上海市第一中级人民法院消费者权益保护典型案例中，包括一例“邓某某诉上海 Y 汽车销售服务有限公司买卖合同纠纷案”。在该案中，消费者邓某某于 2016 年 8 月 30 日至上海 Y 汽车销售服务公司下属的4S 店订购一辆价款

---

〔1〕 四川省成都市中级人民法院(2018)川 01 民终 1018 号民事判决书。

〔2〕 山东省淄博市中级人民法院(2015)淄民一终字第 190 号民事判决书。

〔3〕 山东青岛市中级人民法院(2016)鲁 02 民终 3119 号民事判决书。

〔4〕 广东省佛山市中级人民法院(2017)粤 06 民终 5162 号民事判决书。

为25万元的轿车。同年10月2日汽车交付。之后,邓某某发现该车辆维修记录显示:2016年9月12日,维修项目“拆装后保、后保整喷”,里程数1公里。邓某某认为,系争车辆后保险杠做过维修,整体喷漆,应主动告知消费者,但Y公司明知车辆交付前已有维修记录却故意隐瞒,侵害了消费者的知悉真情权和选择权,构成消费欺诈。邓某某诉至法院,请求判令Y公司退还其购车款,并赔偿三倍车辆价款。法院支持了邓某的三倍赔偿诉讼请求。再如,在徐某云诉敬某桥、浙江淘宝网络公司案中,被告通过网络销售的俄罗斯进口奶粉不是我国目前准入的食品,且被告敬某也无法提供进口货物的相关报关单据、入境货物检验检疫证明、产品检验检疫卫生证书、海关发放的通关证明等进口食品所应具备的资料,故认定涉案奶粉属于不符合食品安全标准的食品。因被告敬某销售明知是不符合食品安全标准的食品,原告要求退还货款并支付价款十倍的赔偿金,于法有据,法院予以支持。被告浙江淘宝网络有限公司对被告敬某的主体信息、经营资质进行了审核,并在原告维权时提供了销售者的真实名称、地址和有效联系方式,涉案商品也已及时下架处理,其已经履行了注意义务,不应承担连带赔偿责任。再如,在利群集团利群商厦有限公司莱西分公司与董秀林产品责任纠纷上诉案中,涉案食品超范围使用食品添加剂,未按企业标准添加“玉米油”,因而是不安全食品,被告长期从事产品经营销售,理应知道该种食品不符合食品添加剂使用标准的要求,仍向公众出售,没有证据能够证明被告在进货和销售时尽到了食品质量审慎查验的义务,故原告要求被告退还购货款及支付十倍价款的诉讼请求应予支持。[1]

长期以来,司法实务中裁判的分歧主要在于:惩罚性赔偿适用的具体条件是什么?职业打假人的地位最终是否得到承认取决于法院对这个焦点问题的态度。围绕这个问题,随之就产生了上述裁判文书所体现几个具体争点:如何界定消费者?未遭受人身、财产等实际损害能否适用惩罚性赔偿?以及如何认定系争食品"不符合食品安全标准"?

实际上,上述几个争点即是部分法院不承认职业打假人惩罚性赔偿的理由。具体而言,食品领域的职业打假受到质疑的原因包括:第一,职业打假人多次、大量买假,然后直接索赔,其行为具有非常明显的牟利性,不同于一般的生活消费。因此,不是《食品安全法》所保护的消费者。第二,职业打假人未直接食用食品,因而根本没有产生人身、财产等其他财产损失,因此不能适用十倍赔偿。第三,职业打假人大多针对食品标签瑕疵提起诉讼,很多法院认为这种标签问题并不属于不符合食品安全标准的情况,因此驳回其要求十倍赔偿的诉讼请求。

另外,关于非食品药品领域的"知假买假"诉讼,江苏省高级人民法院曾发布消费者权益保护系列典型案例,其中有一则案例即表明,对于非食品、药品领域知假买假的买受人,不支持惩罚性赔偿。该案例显示,黄某在某商场购买一部电子产品,购买后通过电话拨打查询得知该产品系假冒产品,黄某又前去该商场购买相同的两部电子产品。法院认为,对于黄某购买的第一部产品可支持惩罚性赔偿,但是其后在得知假冒又购买的两部产品,则属

[1] 山东省青岛市中级人民法院(2017)鲁02民终10484号民事判决书。

于知假买假行为，法院不支持其惩罚性赔偿诉讼。[1] 由此，司法裁判中的态度可见一斑。另外，有数据显示，修改的《消费者权益保护法》在2014年3月15日正式实施后，北京市某基层人民法院受理涉消费者买卖合同纠纷案件496件，较前一年受理量增长了10.3倍，大部分都是“知假买假”的特殊消费者；重庆地区法院受理的质量纠纷案件中，超过2/3的起诉是打假人发起的，大量诉讼加重了法院审理负担，直接干扰到正常消费者的诉讼。[2]

基于如上分析可知，自产生“职业打假人”以来，中国司法实践的态度也在不断发生变化，从最初公开支持“维权斗士”的打假行为，到指导性案例表明支持态度，到各地方法院逐渐出现裁判上的分歧，再到最高人民法院对该类行为予以否定。这一系列变化说明，司法中对待“职业打假人”的态度并非孤立，而是随着社会变化或某一制度可能对社会产生何种影响等角度考虑制度价值与司法应对。但是有一个问题可能要考虑的是，消费者法的价值是否已改变？众所周知，消费者法的价值是保护消费者，最初支持“维权斗士”是因为此种私人执法能够有效地“对抗”经营者，打击假货，从而倒逼经营者经营良好商品，提高消费者福利；但是随着“职业打假人”群体的出现，他们的逐利目的已远离初衷，尽管客观上也能让经营者改善经营，但是却在损害经营者利益，当经营者被极度损害时，消费者福利必然受到影响和减损。因此，法律价值并未改变，司法机关也在通过审判实践进行调试，以适应消费者法的法律价值。

---

〔1〕“江苏高院发布消费者权益保护典型案例之五”，载北大法宝数据库：http://www.pkulaw.com/pfnl/a25051f3312b07f31c392a85751593fd791387af1fa6c47fbdfb.html，2018年10月12日最后访问。

〔2〕王健：《是“职业打假人”还是“职业索赔人”》，载《民主与法制》2016年第21期。

四、反思与进路

从“知假买假”现象产生到形成“职业打假人”群体，再到“职业打假”行为异化与牟利目的，以及中国司法实践中从支持“知假买假”到基本否定，这一系列转变可能引出一些比较深刻的问题，似乎也成为典型的“中国问题”。

一方面，在经济、道德与法律之间的关系中，三者在“知假买假”这个问题上出现严重错配。中国与其他市场经济国家相比，属于经济后发国家，与改革开放初期相比，近年来经济发展迅速，但是知假买假者却从此前的“维权斗士”变成为一己之私牟利之徒，并且是在“利用”法律规则而谋取私利，因此，在经济发展中，道德可能在某种程度上并未匹配。

另一方面，法律文本、司法实践与社会现实之间呈现极度紧张关系。惩罚性赔偿规则看似严苛，反而会被人们在现实中所利用，无法发挥其应有功能与作用，立法者似乎应当就此进行检讨。这就将全部的风险转嫁至司法实践，调整法律与社会事实之间的关系只能转变为司法实践与社会事实之间的关系，法律文本恒定不变，但是必须不断根据社会事实进行调试的必然是法律解释和相关法律政策。这就导致几者之间出现紧张关系，使其中关系调和颇具难度。

面对上述双重难题，大致可以从以下几方面寻求进路：

首先，中国是一个成文法国家，法律规则具有非常重要的地位，法官自由裁量空间极为有限，但是法律修改又需要经过法定程序和较长时间。因此，尽管解决社会问题的风险转嫁到个案裁判之中，但是法官却几乎无能为力。同时，在中国还有一个极为重要的现象，即法律中间样态的诸如司法解释、规范性文件等，如上文所提到的法院所提出的批复、纪要、文件等，这些法律文件在一定程度上又具有“准成文法”地位，往往可能会成为判案依据。因此，解决上述矛盾与困难，似乎只能寄希望于这些文件。换言之，尽管《消费者权益保护法》第 2 条、第 55 条以及《食品安全法》第 148 条都可能存在一定问题，但是这几个条文却又是很难在短时间之内修改。这是一个基本前提。

其次，对于是否支持“知假买假”，可能是一个需要依据社会事实而不断调整立场或态度的问题。事实上，完全支持“知假买假”这一私人执法行为或者完全否定“知假买假”的作用与意义，可能都不客观。事实上，法院、执法部门包括食品药品监管部门和工商行政管理部门都应当不断进行数据统计以及样本分析，考察“知假买假”相关案件的数量与构成，并适时公布统计结果，从而提供一种合理预期。

最后，从长远来看，有关“消费者概念”之限缩框定以及惩罚性赔偿构成要件等确实有突破的必要。总之，“知假买假”的作用应当一分为二、辩证地判断，不能认为其一无是处。事实上，对于“维权斗士”式的打假行为，即便是“职业打假人”也应当鼓励；如果完全是以讹诈等方式进行的，则不应支持。

五、小结

“知假买假”者及其异化为“职业打假人”群体，对中国消费者保护、经济发展、司法实践与道德生态都产生重要影响与巨大挑战，目前来看，其社会意义上的负面作用远大于正面作用。中国消费者法上的“消费者”概念由于其过度限缩目的与行为模式，从而受到质疑；惩罚性赔偿条款的设计，又使“职业打假人”能够利用法律规则进行逆向选择。这就使法律规则所存在的缺陷、问题以及风险转嫁至司法实践之中，使司法实践要不断根据社会情况变化而调整其对待“职业打假人”的态度与应对方案，难题丛生。

“知假买假”曾经在中国消费者保护历史上是一个私人执法的重要形式，但是随着其异化为“职业打假人”并敲诈勒索经营者，使经营者不堪重负，从而失去其应有价值与作用，并在根本上可能减损消费者福利。因此，司法实践也呈现出从支持到产生分歧再到基本上进行否定等态度变化脉络，这也是法律文本风险转嫁的不利后果。

因此，未来既应着眼于法律文本、法律制度的科学化与消费者法的初衷，如扩大“消费者”概念与适用范围，同时又使惩罚性赔偿回归到其本身的价值功能与作用上，虽然目前并没有更好的法律技术去应对因为道德问题而产生的“职业打假人”现象，但是从深层次上理解社会道德、经济、法律之间的发展关系，并使其多头并进，可以避免利用法律条文之徒戕害消费者与社会。

第二章　消费者权利类型化与实定法路径

消费者权利涵括一系列权利，可类型化为以请求权为基础的民事权利和以公民基本权利相联系的社会权利，因此，消费者权利的性质很难以单一权利特征进行概括，应分别视之。类型化之后可分别以民事权利和社会权利两条主线分别对比西方消费者权利的演进以及中国消费者权利的发展。

第一节　消费者运动与消费者权利

消费者在概念范畴上归属于自然人主体体系，其行为涉及经济、社会与法律等多种领域，成为经济学、社会学和法学等多种学科研究的对象。法学领域主要聚焦于消费者权利、义务与责任等构成，由于微观消费行为结构系由“消费者—经营者”的相对地位而形成，消费者权利的产生、演进与更迭皆与经营者有关，因此为突出消费者之主体特殊性与权利之特别化而更加强调权利生成路径，并将二者始终置于一种“对抗”状态，似乎预设了消费者权利与经营者义务之此消彼长的这个必然事实。消费者运动也在此种逻辑与事实上产生与发展。诚如有论者指出，社会斗争和社会运动如果要有效率，就一定要有一个斗争的对象。就理想化上而言，一个清晰和卑鄙的敌人的存在可能实现一种无价的功能，可以联合和激发激进分子的动员等行动力。[1] 而此种“敌人的存在”与“对抗斗争”状态无疑对于消费者运动最初的激发极为有必要，但消费者运动自 20 世纪初中期开始，迄今已历经百余年，此种状态是否已有所转变？消费者对消费者运动的认识和意识形态是否有所转变？消费者运动与消费者权利之间的关系是否有所转变？或者说二者到底会形成何种逻辑关系？这些都成为研究者可能要思考的问题。

一、消费者运动：与经营者对抗 vs 消费者自我成长？

消费者运动，是一种社会运动。美国学者布奇勒（Steven M. Buechler）曾指出，社会运动是通过激进分子有目的的集体努力而去改变社会秩序的一种运动形式。[2] 国内有论者指出，社会运动是由众多的社会成员卷入或参与而形成一定规模的特殊的社会

---

〔1〕 Jobert V. Kozinets and Jay M. Handelman, “Adversaries of Consumption: Consumer Movements, Activism, and Ideology”, *Journal of Consumer Research* 31, 2004, p. 691.

〔2〕 Steven M. Buechler, *Social Movements in Advanced Capitalism*, Oxford University Press, 2000. 转引自 Jobert V. Kozinets and Jay M. Handelman, “Adversaries of Consumption: Consumer Movements, Activism, and Ideology”, *Journal of Consumer Research* 31, 2004, p. 691。

行为,社会运动是一种试图改变社会秩序或重建社会结构的大规模的特殊形式的社会行为,是一种促成或阻止某种社会变迁的集体努力方式。根据社会运动的含义,我们可以这样定义消费者运动,它是由众多消费者参与的,具有相当规模的社会行为。它的目的是保护消费者自身的权益,形成公平的市场交换规范。[1] 在社会运动的定义中,“积极分子”或“激进分子”、“集体行动”、“一定目的”或“一定目标”与“社会秩序”等是核心要素与关键词。作为社会运动在具体领域体现之消费者运动,也必然具有这些核心要素,只是这些核心要素共同形成相应社会运动的目的或目标不同而已。消费者运动之目的或目标是什么?对抗经营者?消费者自身完善与成长?消费者自我价值之实现?客观而言,这些可能都是消费者运动的目的,只不过在不同时期,人们在意识形态上对所追求的目标存在不同认识,在动态发展的不同时期,不同目标或目的可能会略占上风。此间,人们也在不断反思有关消费者的各种基础概念与理论命题。

(一)理论基础与现实

在讨论消费者运动之前,有必要先简要讨论一下在法学场域内,法律与社会运动之间的关系,有学者认为,对法律与社会之间的关系有着最初的共识,包括五个方面:

第一,整体性。社会是一个整体,包括构成个人和群体行为的诸多相互作用的因素,这些行为服从固定的法则。“法律”本身是一个独立的系统,但同时,它又是一个更大的社会系统的一部

---

〔1〕 彭华民:《消费者运动论》,载《社会》1999 年第 2 期。

分或者只是诸多系统之一。

第二,客观主义。关于阐述法律与社会运动问题的客观知识可以通过适用一切科学,即自然科学和社会科学共同的方法而获得。这些问题包括支配法律制度运行的法则、法律制度的组成部分、法律制度与其他制度的关系。

第三,独立性。为了发展这种客观知识,建立一些新的学术团体是可取的。这些团体应当脱离法律理论的制作活动,脱离法律职业的教育,并且不依附于社会中任何集团或派系的目标。

第四,单一性。法律本身,包括宪法那样的更高级法律渊源,只包括一套单一的既适用于社会批判也适用于重建的规范标准。

第五,进步主义。结合在一起的客观的社会知识和内在于法律学说的更高级的规律结合在一起时,它不仅为当时自由主义改革纲领提供了支持,而且也提供了指导原则。它特别有助于充分实现"沃伦法院改革"、"民权立法"及"伟大的社会"的那些纲领。

"最初的共识"构成了一系列磨蚀同意的观点以及根本的信念,这些都有助于把运动团结在一起。而且在初期,它还是解释法则与社会观念并使之合法化的一种方式。另外,它还影响到早期开发出来的研究纲领和当时创建以体现这种联盟并实现那些纲领的学术团体。[1]

社会运动属社会现象,从学术研究角度而言,其更多的是在社会学领域被研究。图海纳(Alain Touraine)将社会运动观念进行了概念化界定,主要包括三个要素:(1)身份,自我定义以及激进主义者和社会运动成员的集体身份;(2)对立面,社会运动成员

---

〔1〕[美]戴维·楚贝克:《法律与社会运动的回顾》,吴玉章译,载《外国法译评》1993年第3期。

的身份认同与他们敌人的描述;(3)整体性,通过斗争所可能达致的目标。[1]

社会运动,是指以促进或抗拒社会变迁为目的,具有广泛社会背景的、群体大众性的(非精英型)、有意识的重构社会秩序的行为。[2] 一方面,社会运动指向具有较强稳定性的社会主流文化,它们经过长时间的融合发展,通常会对社会行动产生广泛而深刻的影响;另一方面,当社会的现状与其社会中的法典、社会结构、制度和价值观逐渐分裂并显现出差异性时,社会运动往往会反应得更为迅速,并形成新的目标或转变原有的目标,继而修复和弥补这种裂痕与差异性。认真考察近代法向现代法的转变过程就会发现,近代法制向现代法制转变是一个持续不断的社会运动过程,其中法人运动、工人运动、消费者运动、环境运动以及民权运动起着关键性推动作用。社会运动造就了诸多社团,而这些社团又通过公共选择等方式迫使国家确认社会运动中所公认的一些规则,并形成现代社会结构三元化,即市民社会—团体—政治国家,在法律层面构成的现代社会法律结构三元化也就是私法—社会法—公法。以社会运动与法律发展为鉴,我们认识到法律不仅仅是国家创制的产物,也是以持续不断的社会运动为发展原动力并得到国家识别、确认的产物。现代社会中的国家行为、法律制度、价值观念等有必要通过社会运动予以应有的监督和控制,应允许公众通过社会运动发挥沟通政府决策与强化自我管理

---

〔1〕 Jobert V. Kozinets and Jay M. Handelman, "Adversaries of Consumption: Consumer Movements, Activism, and Ideology", *Journal of Consumer Research* 31, 2004, pp. 691, 693.

〔2〕 ZIRAKZADEH C, *Social Movements in Politics*, New York, Palgrave Macmillan, 2006, pp. 4 – 5.

之功能。[1] 可见,社会运动对个体权利的萌知、对法律权利的形成具有一定的推动作用。

在法学场域内,由于消费者运动与消费者权利之间具有一定联系,因此通常会在讨论消费者权利之时同时探讨一下消费者运动,但此种探讨多是建立在社会学领域的研究基础之上,并客观描述或叙述消费者运动的沿革与发展,在此之上,进而接入消费者权利的探讨。因此,上述有关法律与社会运动之间关系的论述,在一定程度上较好地建立起法律或法学与社会运动之间的联系,消费者运动也在此向度上实现一种与社会运动、法律之间的双向互动。有学者认为,对于消费者运动而言,人们检验其理论观念,主要考虑三个主要构成部分:目标、自我表达方式以及敌人。[2] 与此同时,新社会运动理论也应用与加入消费者运动的讨论之中,与其他社会学研究方式如社会运动中的资源动员与社会构建主义范式等不同,新社会运动理论系将社会运动与社会总体相联系等问题进行理论化……新社会运动理论提供了合适的理论框架去研究消费者运动如何去追寻和在其他的目标中,去转换消费至上主义者的文化和观念。[3] 之所以会产生消费者运动,主要是因为消费者这一主体系以自然人主体为依托,附着经济社会因素,但又缺乏赖以发展和被保护的社会环境,在法人制度确立之后,自然人与法人进一步分化,使自然人的正统地位遭遇法人

---

[1] 郑少华:《社会运动与法律的发展》,载《南京大学法律评论》1993 年第 3 期。

[2] Jobert V. Kozinets and Jay M. Handelman, "Adversaries of Consumption: Consumer Movements, Activism, and Ideology", *Journal of Consumer Research* 31, 2004, pp. 691, 692.

[3] Jobert V. Kozinets and Jay M. Handelman, "Adversaries of Consumption: Consumer Movements, Activism, and Ideology", *Journal of Consumer Research* 31, 2004, pp. 691, 692.

的挑战，同时法人也在实力等方面对自然人产生一定的威胁和影响，因此，自然人采取以“运动”的形式与强大者进行对抗。

可见，在讨论消费者运动的基础理论之中，旨在以保护消费者权益、实现消费者与经营者之间权利、义务平衡等基本目标为前提，以消费者运动自身内部的理论构造、主体意识观念更迭为核心理论内容，与此相应地，主体意识观念中“敌人”或“对手”的设定或改变将直接影响消费者运动理论与实践。

考察消费者运动这一社会事实，西方的消费者法由消费者运动推动而产生，消费者运动始于 19 世纪英国，然后迅速波及西欧和北美，“二战”之后在资本主义国家勃兴，各国消费者组织应运而生，19 世纪末至 20 世纪 60 年代这一阶段较为活跃。彼时消费者运动主要具有六个目标：(1)提供消费者情报，加强消费者教育，提高消费者智识；(2)处理消费者争议，协助消费者助长其权利；(3)集合消费者意见传达给企业者，并以团体的力量从事磋商或形成公共舆论压力，以改善消费者的地位；(4)参与当局消费者政策的形成与制定，并要求当局建立消费者行政体系，处理消费者问题；(5)成立消费者团体，确立消费者主权；(6)加强消费者国际团体及合作。[1] 在各国消费者分别进行消费者运动之时，国际上也在以国际组织等形式支持消费者运动。1960 年，美国、英国、澳大利亚、比利时和荷兰这五个国家的消费者发起成立了独立的、不以营利为目的、不存在政治倾向的国际消费者联盟组织，总部设在海牙，后来该组织迁往英国伦敦。可见，消费者运动在全世界范围之内事实上开展起来是在 20 世纪之后，无论是消费者

[1] 王泽鉴：《消费者的基本权利与消费者的保护》，载王泽鉴：《民法学说与判例研究(三)》，中国政法大学出版社 1998 年版，第 31～32 页。

自发的运动还是其后的消费者组织等成立，都是消费者运动的实践样态。消费者运动的原初形态是以结社、对抗、谈判等形态出现，并得到政府支持，消费者与经营者之间的社会关系或法律关系以法律规定等形式确认。[1]

（二）消费者运动观念更迭与转换

与其他社会运动相比，消费者运动并不针对政府或其他如歧视、雇主不公平对待等事项；与其他自然人相比，消费者之所以会自发地以“运动”形式进行抗争并针对经营者特定群体，无疑是基于一种经济地位上的不对等以及法人制度的强大，因此，“敌人的存在”就是一个必要前提。

消费者运动被描绘为有组织的、围绕抵制特定工业或市场行为的目标，如销售不安全汽车和发布欺骗性广告。值得一提的是，在消费者运动中，“激进分子”或“积极分子”（activists）具有非常重要的代表性，在消费者运动中起着举足轻重的作用，甚至在一定程度上影响着消费者运动的意识观念、目标走向等。有学者认为，对于激进分子而言，有关原则、实践以及政策等改变的主要目标的一个相似的假设很明显仍然还是主要集中在对联合抵制和社会责任等的消费者研究领域之内。这些不同的消费者以及激进分子所追寻并且意在保护的社会秩序之一是健康以及被雇佣的消费者被国家所保护去对抗奸商、市场波动以及萧条、失业

[1] 例如，1844 年英格兰罗奇代尔市首创消费者合作社，是世界上消费者运动的最早形式，后为合作社批发合作社（co-operative wholesale society）；其后，纽约消费者协会、日本主妇协会等相继成立，均是消费者运动的结社和集体行为。载维基百科：http://wiki. mbalib. com/wiki/% E6% B6% 88% E8% B4% B9% E8% 80% 85% E8% BF% 90% E5% 8A% A8，2018 年 3 月 25 日最后访问。

及疾病。[1]

事实上,西方消费者运动中的激进主义者用一些最消极的语词和隐喻将“消费者”进行概念化。他们将消费者描绘为无意识的、沉睡的以及无知的。因为在马克思主义者的意识之中以及其他有关资本主义的学术批评者之中,现实中的消费者被贬低为具有假性意识,并且是无知的、被操纵的和充满幻想的。[2] 因此,如果消费者被描绘或被预设为无知和愚蠢的,[3]那么通过公权或法律直接设定经营者的义务,无非是对此种“无知”消费者的最好保护,因此,通过“对抗”“集体行动”影响政治可能才是一个最佳途径。而事实上,此种消费者运动在美国也取得了一定成功。回溯美国消费者运动的历史,可以发现,其最大的作用在于对参与政治行动或政治决断考量的“破冰”,斯克拉(Kathryn Kish Sklar)曾提出,美国国家消费者联盟有助于将消费引入政治行动并且提升了消费者在政治参与中的作用。[4]

在历史观念变迁的过程中,社会学家饶恩(Hayagreeva Rao)认为,美国消费者运动经历了三个时期:反假货运动、非营利消费者组织的兴起以及法律激进主义时代。[5] 可以看出,对抗—结社—转化为法律,构成了历史上消费者运动的“三部曲”。例如

---

〔1〕 Jobert V. Kozinets and Jay M. Handelman, “Adversaries of Consumption: Consumer Movements, Activism, and Ideology”, *Journal of Consumer Research* 31, 2004, p. 691.

〔2〕 Jobert V. Kozinets and Jay M. Handelman, “Adversaries of Consumption: Consumer Movements, Activism, and Ideology”, *Journal of Consumer Research* 31, 2004, pp. 691, 701.

〔3〕 在这个问题上,本书始终在介绍和深层剖析日本学者星野英一的理论,即被假设为“弱而愚”的消费者。在这一点上,与西方消费者激进主义者极为相似。

〔4〕 Inger L. Stole, *Consumer Movements, History of*, John Wiley & Son, Ltd., 2015, p. 1.

〔5〕 Jobert V. Kozinets and Jay M. Handelman, “Adversaries of Consumption: Consumer Movements, Activism, and Ideology”, *Journal of Consumer Research* 31, 2004, p. 691.

1906 年,美国食品与药品法案中规定所有形式的标签错误、包括药品标签造假等,都是违法的。这可以说是消费者运动激进发展时代的巨大胜利。更重要的是,与其他消费者权利相关的胜利,消费者运动的整个经过能够显示出消费者利益最终能在政治决策中发出一丝声音。盖迪科(Ralph M. Gaedeke)认为,它“确实对消解陈旧的 19 世纪美国对政治观点习惯于仅仅从生产者的角度作出起到很大作用”。[1] 当消费者运动可以影响政治决策,从一种“生产者/经营者/消费者”主义转换为一种可能的“消费者主权”,无疑是一种胜利,而取得此胜利,与大规模的、集体行动的消费者运动密不可分。

对于决定资源分配和作出集体决策而言,以市场为基础的消费决定是一个很好用的工具,这些运动试图去说教、神圣化、或者“赋予灵魂”给个体和集体消费决定。运动的目标是通过使这些集体的准则更加突出而去颠覆和转换盛行的意识形态,而不是以自我表现、自由、治愈或者享乐主义的个人主义者标准等为标准。[2] 在消费者运动的理论研究之中,也有学者试图为消费者运动探索一定理论与思想基础。例如,凡勃仑(Thorstein Veblen)介绍了广告理论以及“炫耀性消费”概念;理查德(Ellen Swallow Richards)提出了家政学作为一个科学;胡佛(Hervert Hoover)提出了产品试验以及产品的技术性标准等理论;辛克莱(Upton Sin-

---

〔1〕 Inger L. Stole, *Consumer Movements, History of*, John Wiley & Son, Ltd, 2015, p. 1.

〔2〕 Jobert V. Kozinets and Jay M. Handelman, “Adversaries of Consumption: Consumer Movements, Activism, and Ideology”, *Journal of Consumer Research* 31, 2004, pp. 691, 703.

clair)提出了消费者保护中的公共利益原则等。[1] 这些理论从多角度对消费者运动的基础问题进行探讨。1962 年 3 月 15 日,美国前总统约翰·肯尼迪,在美国国会发表了《关于保护消费者利益的总统特别咨文》,首次提出了著名的消费者的"四项权利",即有权获得安全保障(the right to safety)、有权获得正确资料(the right to be informed)、有权自由决定选择(the right to choose freely)、有权提出消费意见(the right to be heard)。此四项权利的提出,在相当程度上代表着消费者运动的巨大胜利,也为后来消费者权利的增加与丰富奠定了基础。

在一篇引用率非常高,由美国学者撰写的论文《消费的敌人:消费者运动、激进主义和意识形态》之中,通过对 13 位消费者活跃分子的访谈后发现,他们之中有人认为,消费者运动等意识从以前对抗贪婪的公司或经营者而转到对抗自私的、贪婪的消费者意识。还有人描述道,一般的消费者是草率的、不能或不愿意去"理解"或者"思考"他们自己的消费。对消费者而言,他们似乎不能或不愿意从一个相对系统的观点考虑消费行为以及将社会或道德尺度加入到相应购买决定之中。其他被观察和被访谈的积极分子也具有类似的认识,他们都认为应当寻求消费者自身自觉性的提高,以其作为一个关键的中间步骤去获得更广阔的社会进步或社会改良。[2]

毫无疑问,基于法人产生与强大以及最初政府和社会都过于

---

〔1〕 Consumer Movement, https://en. wikipedia. org/wiki/Consumer_Movement, Dec 9, 2017.

〔2〕 Jobert V. Kozinets and Jay M. Handelman, "Adversaries of Consumption: Consumer Movements, Activism, and Ideology", *Journal of Consumer Research* 31, 2004, pp. 691, 698.

倾向生产者主义而忽视消费者主权,因此消费者运动最初是以“对抗”生产者和经营者的形式出现,以获得更多权利。然而,通过一个多世纪消费者运动中对消费者的持续观察与影响,此种“抗争”尽管具有积极作用与意义,但也具有比较明显的副作用,如前所述,那就是消费者可能过于草率地面对自己的消费,甚至不能、不愿意去思考自己的消费行为。就本质上而言,消费者与生产者、经营者的地位是平等的,双方意思自由、自治,而在市场中,买卖双方的地位本就具有一定博弈性,而如果通过经济、法律之外的手段加以干预,就应注意其中的程度与界限,如若过度,则可能矫枉过正。当消费者不在意自己的消费行为与不愿意思考消费之时,可能对消费关系本身就是一种戕害。

同时,消费关系日趋复杂,消费者权益保护并不是一个空洞的概念或口号,消费者运动也因此在各维度更加复杂化。日本学者认为,现代经济社会只是买卖当事人在理念上的平等契约关系。因此,第三者如行政和司法难以介入其中,其间发生的问题也难以得到很有效的处理。实际上,现在的消费者问题和很多受害消费者,是由现代资本主义的生产结构和流通结构制度上的原因所造成。行政改革即裁减冗员和精简机构的政策之一的“受益者负担主义”,将所负担的费用强加至由国民所承担的财政支出上。在如何保护消费者、防止公害的规定方面,国家行政政策也倒退了;特别是在商品安全、价格等方面,国民不断受到侵害的情况复杂化了,食品安全标准规则含糊,进口食品在这方面的问题更多,这足以表明国家政策上的明显倒退。面对上述情况,消费者运动显得越来越多样化、复杂化了,消费者受侵害的不仅仅是经济上的问题。而且,日本国内如全国消费者联合会和日本消费合作社联合会等消费者运动团体就要携手活动。通过国际联合，不断扩大对消费者的保护活动。同时，尽管消费者保护机构不断增多，但是从实际情况来看，消费者的平等交易权利在日本被细分到各省、厅的行政管理之中，其显而易见的重点又是各省、厅以产业利益为中心的活动，而不是以维护消费者权利为基点进行活动。[1]

可见，在消费者运动与消费者保护这一对关系中，美国学者发现消费者运动在一定程度上可能造成负面效应，导致消费者自身成长受限；日本学者则发现消费者运动在一定程度上并没有实现消费者权利与利益保护，而只是实现了自身官僚机构的膨胀，这一点认识与20世纪70年代左右美国学者的认识相似。[2] 当然本书并非否认消费者运动的作用，其积极作用并不容忽视，只是人们并不能凭借其“外观”而空洞地判断其作用，而应历史地、客观地判断其作用，并在动态中寻找消费者保护的进路。

虽然消费者运动是权利生成的基础之一，但波斯纳也曾提出异议，认为消费者运动与反垄断政策相连，其在著名的《反垄断政策与消费者运动》一文中指出，在某些问题上，如环境问题上，就深层次上而言，有关环境方面的消费者运动与反垄断政策之间存在一种哲学上的冲突。消费者为了保护环境，要求生产更少的产品，而反垄断政策则是需要更多的经营者去竞争，要有更加丰富

---

〔1〕［日］西村多嘉子：《迈向二十一世纪日本的消费者运动和保护消费者法概况》，载《政治与法律》1992年第5期。

〔2〕“Consumer Protection Legislation：Another Consumer Fraud?” *Georgetown Law Journal* 60，1971，pp. 113，118. 在该文中，美国学者对20世纪60年代肯尼迪政府的消费者保护系列措施进行了批判，认为其并没有实现消费者保护目标，只是精致地建立起自己的社会组织以及错误地认为能够对消费者进行保护的处于第一位的是政府，而不是经营者。

的产品可供消费者选择。同时,垄断理论假定消费者具有选择的能力,而消费者运动却拒绝这种假设。中立理论认为竞争应当以最大化满足消费者而提供足够的产品信息和产品安全,他们自封的保护者希望法律能够使消费者享有比他们需求更多的物品,而且比其他的要少(如产品种类和广告)。[1] 也有学者在新社会运动理论基础上,研究消费者在反对广告、反对一些大型公司,如耐克、通用电气等的运动中,所形成的一些文化观念等。[2]可见,波斯纳也认为消费者运动是以对抗经营者为主,而并未更多涉及消费者发展的自主性等。

另外,也有学者发现了著作权保护中的消费者运动,认为此种消费者运动发端于数字网络时代的著作权权利扩张,著作权保护与消费者运动虽并非具有天然联系,但也并非毫无关联。自20世纪以来,随着录音录像、广播电视尤其是数字网络技术的突飞猛进,著作权扩张成为普遍的态势,消费者利益保护在著作权制度设计中严重缺位,著作权人的利益和消费者的利益关系日趋紧张,消费者运动开始介入著作权法制的完善进程,消费者成为推动著作权制度创新的重大利益相关者。[3] 发起消费者运动的文化消费者,在具体类型上呈现出多元化发展的态势。有学者分析,著作权法上至少包含两个关于消费者的概念,即被动的消费者和作为作者的消费者。[4] 前者是文化产品和文化服务的纯粹

---

〔1〕 Richard A. Posner, "Antitrust Policy and the Consumer Movement", *Antitrust Bull* 15, 1971, pp. 361 – 366.

〔2〕 Jobert V. Kozinets and Jay M. Handelman, "Adversaries of Consumption: Consumer Movements, Activism, and Ideology", *Journal of Consumer Research* 31, 2004, p. 691.

〔3〕 梅术文:《消费者运动与数字著作权法的完善》,载《法学》2013年第8期。

〔4〕 张今:《消费者理论对版权合理使用制度的影响》,载吴汉东主编:《知识产权年刊》,北京大学出版社2007年版,第189页。

消费者，并不从事著作权法意义上的创作行为，也称非转换性（non-transformative）消费者；后者不仅是文化产品的消费者，而且还会利用作品从事相应的创作活动，可称为转换性（transformative）消费者。进入数字时代后，非转换性的消费途径和方式日趋复杂，消费者的实际地位多变，受到著作权保护的影响各异，呈现多样化发展的趋势。[1] 这一点可以说明，除“对抗”以外，消费者对自身利益以及权利的认识，更多地应来自消费者的意识自觉。

自发—自觉—自省，似乎是任何群体或个人的主观意识发展之动态样态。消费者的思想意识也会随着社会发展而逐渐发展，与经营者始终处于一种对抗状态抑或寻求自身发展，这可能是消费者发展与权利演进过程中始终需要进行的价值选择。本书之所以提出“与经营者对抗 vs. 消费者自我成长”这一命题，并非认为二者是对立或不可协调的，而是认为消费者的自我成长亦非常重要，而且随着消费者运动和消费关系的发展变化，二者可能存在的动态关系变化。“对抗”是必然的，但能否真正实现消费者保护的良性发展，可能更需要消费者自我意识觉醒和自我成长。

（三）中国消费者运动

中国学者认为，消费者运动是一种社会运动，是指有组织的人们有意识且有计划地改变或重建社会秩序的集体行为，意在促进或抗拒社会变迁。[2] 中国是否经历过消费者运动？如果从消费者运动的“外观”来看，在西方社会经历的“对抗经营者→非营

---

〔1〕 梅术文：《消费者运动与数字著作权法的完善》，载《法学》2013 年第 8 期。

〔2〕 梁慧星：《消费者运动与消费者权利》，载《法律科学》1991 年第 5 期。

利性组织成立→上升为法律→消费者运动的批判与反思……”，从这些一般经历阶段来看，中国可能是跨越了大规模集体行动对抗生产者和经营者阶段，而直接进入非营利组织成立这一历史阶段。诚如有学者所言，中国消费者协会是为我国消费者运动的开端。[1] 也有学者认为，中国消费者运动是以（消费者协会等）实体形式延续下来。1981 年在沈阳兴起的职工物价监督由于政府的支持而迅速在很多大城市得以推广；1985 年前后，以中国消费者协会为首的各级消费者协会纷纷成立。中国消费者运动与西方发达国家消费者运动的一个显著区别在于，中国消费者运动是自上而下开展起来的。[2] 之所以将其定义为“自上而下”，是因为消费者运动等组织具有天然的官方或半官方性质，这与西方消费者运动的“自下而上”和“对抗式开端”完全迥异。

事实上，基于各国发展情况不同，任何社会事实包括消费者运动都并非必须具有固定模式，中国在社会主义市场经济并未充分发育且消费者权益保护问题比较突出之时，消费者自发组织对抗生产者与经营者行动尚不成熟之时，跨越集体行动阶段而直接进入以官方或半官方主导的结社阶段自具有一定的必然性。这是一种客观事实，而且并不具有可批判性，因为人们无法对基于客观情况而产生的事实进行批判，但人们却可以通过对比而加深认识。不得不承认的是，如果以“社会运动式”固有的规模大、诉求表达多和波及范围广等特征来衡量，中国事实上并不存在真正意义上的消费者运动。事实上，中国基本上不存在民间意义上的消费者集体行动，基本上均由官方或半官方的消费者集体组织引

[1] 梁慧星：《消费者运动与消费者权利》，载《法律科学》1991 年第 5 期。

[2] 肖经建：《中国消费者运动的起因和前景》，载《消费经济》1987 年第 4 期。

导,仅有如王海等个别消费者进行一种对抗式维权。[1] 即便如此,此种事实也并不影响人们认识消费者运动,因为西方的消费者运动和持续观察具有实质意义和价值,能够帮助人们深刻认识消费者保护的实质与进路。

总体而言,通过对西方消费者运动的观察,消费者运动兴起并发展至今,其动态发展脉络大致是:对抗经营者→权利形成→反思主体意识→反思价值设定→反思消费者定义……→追求自我价值实现。尽管西方消费者运动在"外观"与"内在"上均与中国消费者运动不同,但是客观上,消费者运动本身与消费者权利之间存在密切联系,客观认识并理解消费者运动,则能够较深刻理解消费者权利的生成逻辑、构成与规范要素,进而能够有效地探讨消费者权利保护的路径等问题。

二、消费者主权与消费者基本权利

学界通说认为,"消费者主权"(Consumer Paramountcy)的理念最早见诸亚当·斯密的经典著作《国富论》之中。实际上亚当·斯密并非直接正面论述"消费者主权"问题,此种观念的提出在于其对重商主义的批判。他认为,生产的唯一目的无疑是消费,但是在重商主义时期,生产者总是为了自身利益而牺牲消费者的利益,人们将生产者的利益作为工商业的最终目的,而不是把消费者的利益作为工商业的最终目的。[2] "主权"根本上而言还是一个与政治最为相关的概念,如国家主权、领土主权、领海主权、领

---

〔1〕 对于王海等消费者行为的价值判断,在中国也争论非常激烈,持肯定性与否定性判断皆有。

〔2〕 [英]亚当·斯密:《国富论》,陕西师范大学出版社2010年版,第188~198页。

空主权、主权财富基金等,在政治领域之外,似乎只有“消费者主权”最为著名。之所以会产生一种“主权”意义上的强调,主要是因为压制性现实导致产生反弹效果,法人制度可能会压制自然人,生产者与经营者通常会压制其交易对象,因此才在理念上产生一种压倒性的“主权”思维。“消费者主权”的产生确实具有一定历史背景,其也一直存在于消费者法与消费者保护的理念之中,居于重要地位。但是,随着消费者与生产者、经营者之间关系的变化而趋于平衡,当然,这几者之间的关系就如著名的非欧几里得几何中的双曲线几何一样,可能会无限趋于靠近,却永远无法相交。更为重要的是,此消费者主权事实上是一种理念型概念,如何体现在相关制度之中,可能更多的是靠一种演绎或解释,其与具体制度之间还存在较大鸿沟与差距。无论在学术研究中,还是在具体制度构建过程中,如果动辄简单运用“消费者主权”概念,进而直接将其接入到具体制度或规则的分析与探讨之中,简单判断某制度或某规则就是“消费者主权”的体现,似乎意义并不大。究竟这一概念是何种性质或者如何使用,实际上需要理论界认真对待。倘若其是空洞并不具有实意,此种概念可能只能停留于历史长河之中;倘若其确实可能被进一步拓展或接入到具体制度或规则之中,则如何准确理解与应用则成为一种方向。

有学者认为,消费者主权思想并非是现代消费者运动的结果。古典经济学认为,消费者主权是商品经济的必然结果。现代福利经济学将消费者福利(公共福利的最重要表现形态)作为其考察一切问题的出发点,认为国家应当为增进公共福利而全面介入社会经济生活，甚至由国家直接组织社会经济活动。[1]“消费者主权”是由经济体制所决定的问题，只有在特定的经济体制下，才可能存在消费者主权。从经济的应然形态的规范评价来看（规范的经济分析），消费者主权是权利维护的价值命题；从现实经济中消费者的地位与其应然之地位的吻合程度来分析（实证的经济分析），消费者主权则是事实分析的实证命题。[2] 因此，兼具理论价值命题与实证命题双重意义的消费者主权问题似乎并非如人们所想象的那样空洞而不切实际，它实际上也是面向生产者、经营者以及国家等多主体与多领域，是一种理念，但可能更是一种可塑、可转化与可实现的理念。

消费者主权是讨论消费者法之时无法跨越的一个理念或概念，但笔者也对涉及理论、制度、规则的研究成果以及实践中泛化使用该概念存有疑虑。现实中，但凡讨论相关问题之时，无论该问题宏观或微观，往往都会直接运用“消费者主权”这一理念作为“万能”的理论基础，进而即刻进入相关具体问题的讨论，对于论述逻辑与方式，笔者确实不敢苟同。诚然，“消费者主权”这一理念确实具有基础理论之地位与意义，但在“万能”与“确定性”之间是否还需要一定中介？此种介质又是以何种形态出现？殊值深究。

在一国主权之下，如何构建现代国家，如何构建一国法律体系，是一种递进关系，前者依次成为后者存在与成立的前提，因此除国际法和宪法等相关理论，一般在主权理论之下基本不会径直

---

〔1〕 罗志如、厉以宁等：《当代西方经济学说》（下册），北京大学出版社 1989 年版，第 394～395 页。

〔2〕 ［日］北川善太郎等：《消费者保护法之基础》，青林书院新社 1986 年版，第 21 页。

接入具体法律制度之中。一国之法律体系也是由宪法、部门法等构成,基本权利是其他权利的基础与前提。

在消费者法领域,多年来一直都在强调消费者的一系列权利,包括安全权、知悉真情权、自主选择权、公平交易权、获得赔偿权、结社权、知识获取权、人格尊严受保障权、信息保护权以及监督权等,其中一部分权利某种程度上与自然人一般民事权利存在重复,而对这些权利解释的基础通常是消费者主权等理念。值得注意的是,消费者主权本是一个经济学领域创造与发展的概念,虽然一直被其他社会科学学科所运用,但是将其直接接入作为民事特别法的消费者法上的权利,似乎在解释路径上并非特别通畅,解释力度也稍显薄弱。换言之,是否可以找到一个将消费者主权接入法学领域的权利基础路径?比之国家主权与宪法权利、具体权利之间关系等解释进路,笔者拟做一种尝试性的比附或者一种可能的逻辑推断,即是否在消费者主权理论之下,也存在一种类似于宪法基本权利的“消费者基本权利”?而这些基本权利是消费者具体权利的基础,也恰是由基本权利进而连结具体权利。当然,这种基本权利也是不可诉或者并非具有可操作性的。那么这些基本权利又应是何种构造?具体指向哪些基本领域和问题?

事实上,学术界已有学者在这方面进行一定尝试性研究,如有学者提出“消费公民权”这一概念并认为,消费公民权即居民在消费领域中以消费者的身份所拥有的平等的权利和义务。消费公民权的获得与伸张主要是发生在市场、国家和社会这三个实践领域之中。[1] 事实上,“消费者主权”确因生产者与消费者的强

---

〔1〕 林晓珊:《消费维权运动中的市场、国家与消费者组织:消费公民权的一个分析框架》,载《学术研究》2012 年第 7 期。

势地位而起，但是却并未仅限于消费者与“生产者”短模式“经营者”之两造关系之中，而是拓展至国家与社会，上文所提到的福利经济学的观点即可佐证。可见，在这一点上，福利经济学的解释框架与消费者公民权似乎可以匹配，尝试在法学领域先引入“消费公民权”似可解释，并具有一定道理。

同时，日本学者铃木深雪认为，消费者的权利就是生活、生存着的所有的人类在作为消费者一面、在进行消费活动中所被保障的生存权。[1] 日本学者虽然并没有直接提出“消费者生存权”这个概念，但是其确实在权利这个范畴之内，在消费者权利之上又塑造出一个“生存权”意义上的理念。在此，从一种教义学分析的角度来看，可能不得不先予探讨一个问题，即这种消费者的生存权与消费者主权究竟是何种关系？在一定意义上而言，此种基于消费关系和消费活动的生存权似乎是其他消费者权利的基础，也正是因为有了生存权，才可能产生消费者主权，即二者是一种“先有存在”“再论强弱”的基本逻辑关系。因此，铃木教授的研究似乎能够很好地拓展人们研究消费者法的思路，也使此种解释路径具有一定合理性，同时也能较好地将消费者主权在法学和经济学领域建立联系。但是，可能还有一个未决问题，那就是上文笔者提出，经济学上的消费者主权与法学权利之间如何建立连接，而比附一种国家主权，认为消费者主权在上，而其他权利在下。此种解释路径是否与铃木教授所提出的生存权是基础而先于消费者主权相冲突或者相矛盾？事实上，虽然笔者一直在使用“先”

---

〔1〕［日］铃木深雪：《消费生活论——消费者政策》（修订版），中国社会科学出版社2002年版，第20页。转引自林晓珊：《消费维权运动中的市场、国家与消费者组织：消费公民权的一个分析框架》，载《学术研究》2012年第7期。

"后"等此种类似于表示时间顺序的词汇,但很多问题可能是相互交叉重叠的,并非是严格时空意义上的顺序或序列问题。因此,铃木教授所谈及的生存权是一种只要自然人进入消费关系,只要具有消费者身份就应当所具有的权利,从其表述中可知,他所谈的权利并非是一种严格意义上的法律权利,更多的可能是一种"身份"与"资格",进而才涉及因地位强弱之分所可能存在的"主权"宣示性地位或权利;而基于一种主权与权利、法律体系之间的关系而言,它们可能会形成一种相对纵向关系,铃木教授所提出的生存权既可归于基本权利之中,同时又是作为消费者之所以为消费者的基础身份与权利,犹如市民社会之于国家、法律事实之于法律权利一样,一种事实是否转化为法律尚需经国家认可。因此,这些理论具有一定合理性,并且从其逻辑关系等方面而言并不矛盾。

再回到消费公民权,诚如上述定义所揭示的,其内涵主要是反映在消费者与社会的关系上,即消费者享有依法成立维护自身合法权益的社会团体的权利,享有对商品和服务以及保护消费者权益工作进行监督的权利。前者体现了消费者社团归属的成员资格,后者体现了消费者"真正"的公民属性,即积极地参与、贡献和监督的权利和义务。[1] 在此种内涵与构成意义上,消费者法上的相关权利便逐渐呈现,并与消费公民权相得益彰。事实上,消

〔1〕 在西方有关消费者与公民权的文献讨论中,有一个重要的研究取向是关注消费的公民性(the civic side of the consumption),参见 Frank Trentmann,"Citizenship and Consumption",*Journal of Consumer Culture* 7,2007;John Clarke,"Unsettled Connections:Citizens,Consumers and the Reform of Public Services",*Journal of Consumer Culture* 7,2007。他们非常强调公民消费者身份所承担的社会义务。转引自林晓珊:《消费维权运动中的市场、国家与消费者组织:消费公民权的一个分析框架》,载《学术研究》2012 年第 7 期。

费公民权的意义更在于，通过消费公民权及其内涵构成，其可以成为理解消费者维权运动的一个基本分析框架，但同时也要说明的是，消费者运动中无论是“对抗经营者”还是消费者自主性的增强和消费者力量的强大，并不必然就能保证消费者的公民权不受侵犯。[1] 消费者自主性的提升和消费者力量的增强是一个有待重新检视的命题。已有的相关研究中，消费者的自主性更多的是体现在市场选择和交换的自由上，它强化了私人自由和金钱的力量，[2]但这里的自主性并没有包含消费者公民性的成长。消费者力量的增强，更多的是指向消费者在扩大消费、拉动内需中的作用，而不是其社团自治的能力上，也就是说，消费者的力量只是体现了“市场的价值”，而不是“公民的价值”。[3] 因此，消费者运动、消费者主权等必须与相应权利体系相连接和匹配，消费者利益才能真正实现。

因此，“消费者主权”本身是一种待转化为制度的理念，此种转化需要一定介质，一种可能的中介性权利或制度体系，然后才可能进一步转化为一种具有技术性和可操作性的权利，而并非如当下提起“消费者主权”般空洞。因此，从本章上一节消费者运动开始，到消费者主权，再到消费者公民权，这本身也是一条通往消费者权利实现之路。

---

〔1〕 林晓珊：《消费维权运动中的市场、国家与消费者组织：消费公民权的一个分析框架》，载《学术研究》2012 年第 7 期。

〔2〕 戴慧思、卢汉龙：《中国城市的消费革命》，上海社会科学出版社 2003 年版，第 10 页。

〔3〕 林晓珊：《消费维权运动中的市场、国家与消费者组织：消费公民权的一个分析框架》，载《学术研究》2012 年第 7 期。

三、消费者权利

消费者运动是一种社会化运动,"消费者主权"是一个经济学领域的概念,当话语体系转至法学领域之时,就成为"消费者权利",而如上一个问题所谈及的,消费者权利体系也是包括消费者基本权利如消费公民权、生存权等权利,以及成文法意义上的消费者权利。但是消费者运动、消费者主权与消费者权利在各自领域中的地位可能并不相同:消费者运动仅为社会运动的一个具体领域和具体形式,但是其在消费者权利的形成过程中却是一定前提与基础或者产生一定影响,至关重要;消费者主权系经济学领域中与生产者主权相对的一个概念,其更强调消费者自身在"消费者—生产者/经营者"这个模型中的地位;消费者权利可能更多的是一种客观描绘和权利抽象,虽然也能体现类似于"消费者主权"的消费者"权利本位",但是其所产生的革命性或批判性意义却与"消费者主权"不同。

从消费者权利形成的角度来考察,消费者运动的直接影响就是在20世纪60年代终于形成了"消费者权利"概念,而保护消费者权利已经成为各国消费者政策的核心和理论基础。一般认为,"消费者权利"的概念最初是由美国总统肯尼迪于1962年的国情咨文中提出来的。1963年,日本官方在一份题为"关于保护消费者的咨询答复"的文件中提出消费者所享有的权利,即要求商品和服务具有通常人们所期待的质量、内容、价格及其他交易条件的表示以及广告真实且能为消费者正确认识的权利。1968年,日本首先制定了《保护消费者基本法》,规定了对消费者各种权利进行保护的措施,从而使消费者权利成为受法律保护的、不得为其他任何人随意剥夺的法定权利。[1] 1985 年 4 月 9 日，联合国大会通过《消费者保护准则》(The UN Guidelines for Consumer Protection)，此文件主要设定“立法目标”以及消费者保护标准的“一般规则”。2012 年 4 月，联合国贸易和发展会议(UNCTAD)在多哈举行会议，尤其是对发展中国家以及经济转型中的国家，进一步形成相关竞争和消费者保护政策，进一步注重实施。2015 年 12 月，联合国进一步讨论了消费者保护问题，旨在回应基于市场和科技发展而给消费者带来的影响等问题，如跨境损害赔偿、消费者隐私保护以及信息自由流动、电子商务给消费者带来的影响以及在金融领域保护消费者权益等问题。[2]

在上文所谈及的消费公民权及一系列基本权利的基础之上，关于消费者权利，我们不能简单地将其理解为一种民法上的民事权利或者一种社会性权利，其更多地体现了一种复合性特征。主要包括：

第一，民事权利与社会权利之复合性。正因为形成消费者权利的前提具有多样性，并通过自然人的民事行为、消费者运动、消费者主权等多条进路，合力共同形成不同的消费者权利，因此诸如安全权、知悉真情权、自主选择权、公平交易权与获得赔偿权等自是从民事权利转化而来，或者说实质上还是民事权利，只不过由于适用场景发生一定变化，因而在权利表述上也将其转化为一个具有相对特定内涵的表述，文义上由于场景限制而予以限缩解

---

〔1〕 梁慧星：《消费者运动与消费者权利》，载《法律科学》1991 年第 5 期。

〔2〕 JIA YAO, “Consumer Protection Law in the BRICS Countries and Their Future Cooperation”, in Rostam J. Neuwirth, Alexandr Svetlicinii, Denis De Castro Halis, *The BRICS – Lawyers' Guide to Global Cooperation*, Cambridge University Press, 2017, pp. 272 – 273.

释,但这些权利从实质上而言仍应属民事权利。而对于诸如消费者结社权、获得知识权、受尊重权、信息保护权与监督权等,自然是具有社会权利的属性,从历史上看,自是由消费者运动、消费者主权理念等推动而不断完善。因此,“复合性”结构组成特征是消费者权利体系的首要特征,对于相应权利,本书将在本章第二节详述。

第二,请求权的相对简化构造。请求权是一个非常复杂的体系,涉及权利主体、权利客体、法律约束意思和表示、行为能力、形式要件要求、可归责性、效力障碍等,消费者因购买商品或接受服务而与经营者等之间所形成的是合同关系,当基础性权利遭到侵害或损害之时,便产生相应救济性请求权。一般意义上的合同关系事实上要比消费者与经营者之间所形成的买卖或提供/接受服务关系复杂得多,由于一种消费关系场景的形成,往往在分析基础性权利之时,几乎较少考虑消费者主观过错等,基于意思表示与行为外观而进行判断。因此,尽管相应权利来自一般的民事权利,但是在考察相应请求权之时,往往会相对简化对待,但是需要指出的是,此种特征更是一种形式意义上的特征,并不会因此而改变请求权本身的性质或实现路径。

第三,权利体系具有一定开放性。消费者法系民法之特别法,大陆法系民法权利体系相对稳定,由物权、债权等传统权利构成,而消费者法上的权利体系却因其自始便与社会紧密连接,并受经济或市场影响较大,其权利可能会有所增加,如中国在2013年修订《消费者权益保护法》之时,增加个人信息保护权便是一例。如同上文联合国相关文件中所指出的,消费者保护可能要应对电子商务等方面的影响,再如平台经济之中,消费者权利是否会有所变化,都是需要深入研究的。因此,尽管消费者法系于民法,但由于其体系会因外界影响而有所变化,所以其权利体系并不僵化或封闭,而具有一定开放性,当然,这种开放性并非仅仅基于现象,而必须是一种实质意义上的权利变化,因而此种开放性也仅是在一定必要程度上,而并非是任意的。

综上所述,在市场经济社会中,消费者已经成为影响社会政治生活的一种重要力量。尤其是对处于转型社会的消费者来说,由于社会制约和平衡力量机制的不完善,更加需要国家加以保护。一般认为,国家是一种行为主体或一种制度组织(institution)。[1] 在消费者权益保护运动中,国家既是作为一种行为主体来介入,也通过制度组织来施加影响。恰如克雷顿(L. B. Creighton)指出的,消费者保护是政府以消费者名义所进行的对经济的一般元素的控制,通过政府干预实现。[2] 国家对消费者的特殊保护或优先保护被视为消费者权益保护法的首要基本原则。尽管消费行为仅发生在消费者和生产经营者之间,但消费行为的实质却体现了消费者与国家政策、国家行为和政府职能的关系,是国家与市民之关系的具体体现。在这个意义上甚至可以说,消费行为更本质的并不是经济问题、私人问题,而是政治问题、公共问题,故而,国家对消费者的特殊保护具有很强的政治意义。[3] 消费者权利的内容不断得到充实和发展,从一般的保障安全、交易公平等领域逐步扩大到消费者的教育、消费者组织设立、消费环境改善及政

〔1〕[美]斯考克波:《找回国家——当前的战略分析》,载[美]彼得·埃文斯、迪特里希·鲁施迈耶、西达·斯考克波:《找回国家》,方力维等译,生活·读书·新知三联书店2009年版,第2页。

〔2〕L. B. *Creighton*, *Pretenders to the Throne*, Lexington Books, 1976, p. 20.

〔3〕L. B. *Creighton*, *Pretenders to the Throne*, Lexington Books, 1976, p. 20.

府决策参与等各个方面。从性质上来说,消费者的权利发展还经历了从一般的口号到政府的认可,再到由法律明确规定的法权这样一个渐进发展的过程。消费者权利正在以法定权利的形式为越来越多的国家法律所确认。此外,消费者权利的实现保障亦越来越严密,保护消费者利益已被视为国家和有关社会组织的基本职责。虽然在消费者保护之中,存在“国家—消费者”或“经营者—消费者”两种关系,究竟是国家的保护更为重要,还是寻求消费者权利增长而给经营者科加更多义务更为重要,本书前面提到,此问题曾在20世纪70年代的美国引起过激烈争论。但无论如何,从各个向度充分保护消费者,似乎总不会出现太多偏差。

基于上文的分析,笔者认为,在消费者主权、消费者基本权利、消费者权利之间似可进行一种新的位阶构造(见图2-1),此种构造才能真正地、较好地解释消费者主权的地位以及消费者权利之于消费者主权与消费者基本权利在法技术层面的意义。

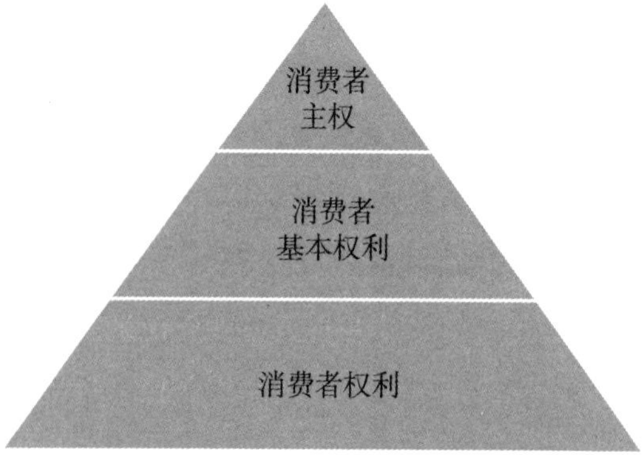

图2-1 消费者主权、消费者基本权利与消费者权利位阶

四、域外法的更新

被认为消费者为弱势主体的观念近年来也有所转变，并且体现在域外成文法制定中。日本于1968年制定的《消费者保护基本法》于2004年修改为《消费者基本法》，此种变化的最重要之处在于不再将消费者作为弱势主体看待，而是"为了使消费者能够自主且合理地行动，将支援消费者的自立作为基本任务"（第2条第1款）。消费者政策从对消费者的保护转向支援消费者自立，从而发生了根本性的改变。因为1968年《消费者保护基本法》的立法观念在于消费者是行政保护对象，规定有关"维护及促进消费者利益"的国家、地方公共团体以及经营者的责任和义务，保护的结果则反射性地维护消费者的利益。[1]

另外，法律系统内部的构造是从契约的裂变开始。在德国法上，法律技术上对消费者的保护分为不同层次，一是以合同关系为基础，在诉讼中对无效条款进行确认，从而对消费者进行保护；二是在团体诉讼的框架内请求权的实现。例如，《德国民法典》在消费者合同的规则设置中体现了社会平衡思想，《德国民法典》奉行个人主义的基本观念，但是因为人们对此观念进行批评，所以社会平衡思想有所增加。在条款设置方面，非进行职业活动的消费者应免受未加以考虑的义务和歧视性合同条件的侵害（第491条及以下），消费者所享有的、在某一期限内"宣布合同无效"的权

---

〔1〕 井上匡子、町村泰贵、今井弘道、赵莉：《法哲学观点看日本消费者问题及立法之解决》，载《金陵法律评论》2007年秋季卷，第158页。

利同样有助于对消费者的保护(第 495 条)以及撤销权等(第 312 条)。[1]

德国债法改革之后,在《德国民法典》总则中增设“消费者”这一主体,有学者认为总则中规定消费者一体化的概念,是在刻意强调消费者法的私法属性,强调提升消费者法的品性实现再法典化。[2] 德国在经过了几十年的讨论之后,债法改革终于在立法上得以实现,其直接推动因素正是对欧盟《消费品买卖指令》的转化。而改革的一个中心内容和特征,就是消费者法被全面地融入民法典,使消费者保护被作为私法本身的目的之一,在民法典中得到了直接及系统的规定。也就是说,消费者法既是债法改革的直接起因,也是核心内容之一。改革后,几乎所有重要的消费者单行法,如《上门推销法》《消费者信贷法》《不动产部分时段使用权法》《远程销售法》《一般交易条款法》,都通过在体系及内容上与原有的私法规范相协调,在民法典中实现了自己新的定位。[3] 德国债法改革的立法经验,即通过对私法自治原则进行必要的限制,恢复社会经济主体之间的真实平等关系,保障实质合同自由与公正的实现,使消费者法与整体私法在体系、目的与原则上相协调。自 20 世纪 80 年代开始,欧共体立法开始重点关注消费者保护,颁布了多部指令。根据《欧共体条约》第 249 条,虽然各成员国负有将指令转化为国内法的义务,但在转化的方式和形式上

---

〔1〕[德]汉斯·布洛克斯(Hans Brox)、沃尔夫·迪特里希·瓦尔克(Wolf - Dietrich Walker):《德国民法总论》(第 33 版),张艳译,杨大可校,中国人民大学出版社 2012 年版,第 26 ~ 28 页。

〔2〕杨立新、刘召成:《德国民法典规定一体化消费者概念的意义及借鉴》,载《法学杂志》2013 年第 1 期。

〔3〕张学哲:《德国当代司法体系变迁中的消费者法——以欧盟法为背景》,载《比较法研究》2006 年第 6 期。

享有选择的自由。对于欧共体有关消费者保护指令在国内法的转化,德国起初仍然一如其此前的做法,以特别法的方式实现,如1986 年《上门销售撤回法》、1990 年《消费者信贷法》。如此作为既可以降低欧共体指令对国内既存私法体系的破坏,也可以在较短时间内完成指令转化要求。此处要特别说明的是,《消费者信贷法》取代了《分期付款买法》,且明确使用了“消费者”这一概念。另外,在对《不公平合同条款指令》进行转化时,德国对原《一般交易条款法》进行了修改,从而使其由一部传统民法领域的法律转变为一部消费者保护法。这在德国消费者保护法发展史上是非常重要的一步,因为对一个与民法密切相关的消费者保护指令的转化,第一次不是通过制定在特定领域内适用的特别法,而是通过修订一部原有的一般民事法律来实现。[1] 在欧共体的影响下,德国的消费者保护法已经成形。

《德国民法典》第 1 章“人”的第 1 节标题为“自然人、消费者、企业者”,其中第 13 条专门界定了“消费者”:“消费者是指既非以其营利活动为目的,亦非以其独立的职业活动为目的而缔结法律行为的任何自然人。”[2] 这个概念中实际上包含两重分界:

第一,“非以其营利活动为目的”,则意味着消费者所从事的行为不是为了自身营利,因此区别于经营者。

第二,“非以其独立的职业活动为目的”,则意味着消费者所从事的行为不是基于工作目的,因此界定出“消费行为的目的”。客观上来说,这种对消费者的界定更符合自然人之行为特征,也更容易应对急速变化的社会事实与变动不居的行为范式。这与

〔1〕 张学哲:《德国当代私法体系变迁中的消费者法》,载《比较法研究》2006 年第 6 期。
〔2〕 《德国民法典》,陈卫佐译注,法律出版社 2010 年版,第 8 页。

我国《消费者权益保护法》以“选择性保护”与“生活需要”为特征的消费者概念界定形成鲜明对比。

另外,德国法也通过特别合同的规定,拓展与囊括对消费者合同的规定。例如,《德国民法典》第 355 条与第 361 条关于在消费者合同情形下的撤回权和退回权的规定,第 474 条至第 479 条关于消费品买卖的规定,第 491 条至第 515 条关于消费者贷款合同的特别规定以及经营者和消费者之间的融资援助等。当下在大陆法系国家更多的是针对新兴问题而在法律修改之时予以回应,如法国消费法于 2014 年修改,主要涉及电子商务、质量可追溯、经营者的负责任销售、集体诉讼、停车费相关问题、消费者金融、银行和保险、消费者健康、电话销售等,这些修改也影响到对竞争秩序和竞争法所能产生的影响。[1]

尽管德国立法者将“消费者”规定进《德国民法典》,但是这样规定在德国也存在较大争论。实际上,对于消费者法是否属于特别民法,德国法律界素有争论,有人认为,是否可以不同于一般私法的社会模式为基础,发展出一个具有不同判断的特别私法分支;反对者认为,这是对自由市场经济法律基础的破坏,他们希望保持传统合同法的完整性,并在现代消费社会尽力维护民法典起草者们所接受的一般观念:法律只要保障消费者能够获得充分信

〔1〕 France:“Loi Hamon”, http://www. tuv - sud. cn/cn - en/resource - centre/publications/e - ssentials - newsletter/consumer - products - retail/vol. - 94/france - loi - hamo;The new “Hamon Law” introducing French class actions and its effects on competition and distribution law, http://www. nortonrosefulbright. com/knowledge/publications/114016/the - new - hamon - law - introducing - french - class - actions - and - its - effects - on - competition - and - distribution - law, Sep 30,2016.

息并进行理性选择即可。[1] 中国学者对消费者法的性质也有一定争论,例如,有学者认为,在大陆法系国家,消费者法作为特别民法而产生,消费者也当然作为民法上之特别主体而始终备受关注。[2] 也有学者认为,消费者保护应当成为普通民法的组成部分,应以合同法进行规制,即在债法的相应部分规定消费者合同的一般法律规则(列入合同法总则)及典型的消费者合同。[3] 因此,在《德国民法典》总则第 13 条中专门界定了"消费者",使消费者的地位变得更令人疑惑。但无论以何种起点进行研究,无论以特别民法或普通民法进行规定,消费者之于自然人的本质与法律人格的具象化演绎都在一定程度上达成共识。

第二节　民事权利与消费者法

消费者权利是一个"权利束",由具有民事权利特征和社会权利特征的一系列权利所组成,是基于消费者行为所产生的各种法律关系在权利层面上的体现。尽管中国民法对大陆法系民法多

〔1〕 [德]莱因哈德·齐默曼:《德国新债法:历史与比较的视角》,韩光明译,法律出版社 2012 年版,第 255 页。
〔2〕 谢鸿飞:《民法典与特别民法关系的建构》,载《中国社会科学》2013 年第 2 期。
〔3〕 苏号朋:《民法典编纂与消费者保护——以德国债法改革为参照》,载《法学杂志》2015 年第 10 期。

有借鉴,但是大陆法系消费者法在本质上系特别民法,[1]而中国消费者法却并非从民法体系中析出,而在中国遵循一条独特的产生路径。中国消费者法上的权利体系亦同时具有其特殊性和典型意义。

一、私法史概观

消费者法在各国的产生都有其特定的历史背景和社会、政治以及法律因素,若完全进行比较法意义上的横向对比,可能难度较大。中国消费者法对欧洲及美国、日本等发达国家消费者法的借鉴,可能更多是一种外观形态意义上的概念、基本含义等方面的借鉴,深层次理念和法理并不相同。当然,消费者法是与一国社会和历史背景紧密相关的法律,如若社会基础迥异,在理念与技术上存在较多差异也属正常。恰如奥地利著名法学家保尔·科沙克尔曾指出,外国法的继受并非是“质量问题”,而是“力量

---

〔1〕 对于消费者法是否属于特别民法素有争论,德国法律界也在讨论为了保护消费者,是否以不同于一般私法的社会模式为基础,发展出一个具有不同判断的特别私法分支;反对者认为,这是对自由市场经济法律基础的破坏,他们希望保持传统合同法的完整性,并在现代消费社会尽力维护民法典起草者们所接受的一般观念:法律只要保障消费者能够获得充分信息进行理性选择即可。参见[德]莱因哈德·齐默曼:《德国新债法:历史与比较的视角》,韩光明译,法律出版社 2012 年版,第 255 页。国内学者对消费者法的性质也有一定争论,例如,有学者认为,在大陆法系国家,消费者法作为特别民法而产生,消费者也当然作为民法上之特别主体而始终备受关注。参见谢鸿飞:《民法典与特别民法关系的建构》,载《中国社会科学》2013 年第 2 期。也有学者认为消费者保护应当成为普通民法的组成部分,应以合同法进行规制,即在债法的相应部分规定消费者合同的一般法律规则(列入合同法总则)及典型的消费者合同。参见苏号朋:《民法典编纂与消费者保护——以德国债法改革为参照》,载《法学杂志》2015 年第 10 期。众所周知,德国于 2002 年颁布了《债法现代化法》并完成民法典改革,在《德国民法典》总则第 13 条中专门界定了“消费者”,使消费者的地位变得更令人疑惑。但无论以何种起点进行研究,无论以特别民法或普通民法进行规定,大家对于消费者之于自然人的本质与法律人格的具象化演绎都在一定程度上有共识。

问题”。[1] 因此,中国消费者法对发达国家消费者法基本上不是一个继受问题,而是一定程度上的规则借鉴,这也符合中国在改革开放初期需要迅速建立起相关法律体系的初衷与要求。但最为重要的是,从世界范围来看,消费者法所产生以及发展的动力、基础与影响因素具有高度相似性,尽管某种阶段性或横断面(截面)意义上的对比不具有实际意义,但是若在分析各国法律体系内纵向发展的基础上,再进行一定横向对比,就能发现一些问题并具有启发性。

从一个概括的私法史的视角而言,大陆法系国家消费者法大约是在20世纪中期产生,彼时德国、法国等典型大陆法系国家民事法律体系高度发达,基本上实现了法典化。若以民事权利为基本考察范畴,20世纪以后西方国家民事实定法逐渐产生,西方市民社会中的私法体系已基本形成,民事主体、民事主体人格和民事权利体系已被法律所确认,客观上已经历了较为完整的民事权利萌发与发展的阶段。因此,我们可以尝试做一个推测性的结论,即实际上在西方社会,民事主体、民事权利已先于消费者运动、消费者法和消费者权利而产生。换言之,消费者法与消费者权利的产生,在一定程度上是以民事主体之人格形成与权利形成为基础的,而并非仅仅由外界经济因素与社会因素而促成。这一点,对检视我国消费者权利的产生与保护具有重要意义。

反观中国的消费者法,其直接产生的原因并非中国的消费者运动,其产生背景主要是在世界消费者运动大潮之下以及中国应对假冒伪劣商品等现实,中国消费者保护问题极为突出,亟待以

[1] [德]茨威格特、克茨:《比较法总论》(上),潘汉典、米健、高鸿钧、贺卫方译,中国法制出版社2017年版,第187页。

法律形式予以保护，同时借鉴西方发达国家消费者法的法律规则，出台了中国的消费者法。本书第二章第一节已提到中国消费者运动的概况，客观来说，中国基本上不存在真正意义上的消费者运动，从社会事实与法律文本的关系而言，中国消费者法也并非基于强大的事实需要而产生，基本上还是官方主导立法，几乎并无民间力量的推动，同时消费者群体的自觉意识并不强。与西方消费者运动的作用相比，尽管中国消费者运动的作用并不明显，但中国消费者法的产生具有必然性。

根据以上分析，基本上可以确定的是，与大陆法系典型国家民事法律制度和消费者法之间关系和产生时空相比，中国消费者法的产生并非建立在“消费者”已然是一个相对成熟的“民事主体”的基础上，也并非建立在民事权利意识与观念已经相对较强的基础上，这是中西消费者法产生的重要背景差异。之所以作此种对比，并非是要将西方消费者法的产生作为一个应然“标尺”，主要是探究这背后所存在的理论演变的隐喻，一种法哲学上的“主体”理论变迁与民事主体理论演进，同时从法理念与法技术的双重角度对消费者法进行评价、预测与完善。

之所以选择大陆法系典型国家与中国进行对比，主要是因为前端的民事主体、民事权利与民法体系具有一定可资对比的基础，从世界范围内来看，尽管是美国率先提出相关消费者保护理念和典型的消费者权利表达形式，但是从整体法律制度概括与特征以及个体权利特征等方面与中国进行对比的意义并不明显。因此，主要是在大陆法系典型国家以及（与大陆法系国家民法体系比较相似的）中国二者之间进行对比（见表 2 - 1），以实现一种相对直观的认识。从一个动态过程来看，西方社会的“消费者”在未被认为是实定法上的消费者主体之前，已然是一个具有独立人格的、发展成熟的自然人民事主体。

表 2－1　私法、消费者运动与消费者法产生时间

问题	大陆法系典型国家	中国
私法	19 世纪初至 20 世纪初	20 世纪 80 年代至 21 世纪初
消费者运动	19 世纪末至 20 世纪 60 年代	20 世纪 80 年代至 90 年代（或无）
消费者法	20 世纪 60 年代至今	20 世纪 90 年代至今

值得一提的是，在欧洲和美国等国消费者制度以及消费者法构建的坐标系中，二者也试图进行一定横向比较。事实上，欧洲学者自己也发现或承认自身对消费者保护在政治和法律哲学上的关注（比美国）相对晚一些。主要原因大致为：一方面，他们曾经以为消费者保护所经历的过程可能与美国相似；另一方面，由于 1957 年创建欧共体的《罗马协定》中并没有关于普遍意义上的消费者保护政策的相关规定或规则，他们无法很快对消费者制度进行构建。[1] 因此，如果在法技术层面进行比较，欧洲消费者法的发展确晚于美国，欧洲在消费者法哲学和法理念方面的探讨与思考却非常深入和持久，本书将在第五章集中探讨。

二、权利基础

消费者权利自成谱系，其在大陆法系典型国家、英美法系典型国家都表现为植根于自身法律传统、社会因素等方面的权利体

〔1〕 BENCSIK, ANDRÁS, "The European dimension of consumer protection", *Studia Iuridica Auctoritate Universitatis Pecs Publicata* 152, 2014, p. 27.

系。尽管人们对消费者具体权利十分熟稔,但是对这些权利可抽象的共同特征、权利基础与来源等内容却探讨不多。事实上,从正义、公平等法价值衡量、权利体系内部属性确证与层次划分以及权利实践样态等多角度考察,消费者权利体系并非自我封闭,而是呈开放特征,既保持着对实践吸纳并转化的能力,又在各自法系以及法体系之中寻找合适定位,以突出权利的本质特征与适应功能。

从形式上而言,从肯尼迪演讲中提出四项消费者权利至今已逾半个世纪,消费者权利正在逐渐扩张。杰拉尔德·福特总统在20世纪70年代提供了一个新激励,进而在20世纪70年代末,国际消费者联盟组织(IOCU)又增加了四项权利。联合国大会于1985年通过无记名投票采纳了八项消费者权利,以加强实现消费者保护原则。国际消费者协会于2009年提出消费者八项权利,包括安全权、被告知权、选择权、被听取的权利、基本需求满足权、求偿权、消费者教育权以及健康与可持续环境发展权。[1] 也有学者认为,消费者隐私权、(产品)质量权与健康服务权[2]三种权利与前述八项权利共同构成十一种覆盖消费者问题的系列权利。[3] 这种不断发现,使消费者权利形式与内涵不断被补充。

就消费者可能享有的全部权利而言,基于法价值又可将其进

---

〔1〕 Gretchen Larsen and Rob Lawson,"Consumer Rights:An Assessment of Justice",*Journal of Business Ethics* 112, 2013,pp. 515,516.

〔2〕 此种健康服务权,主要包括有权获得适当帮助和治疗,而不是作为普通消费者仅仅获得一种(医疗器械等方面的)功用的能力。参见 Gretchen Larsen and Rob Lawson,"Consumer Rights:An Assessment of Justice",*Journal of Business Ethics* 112, 2013,pp. 515,517。

〔3〕 Gretchen Larsen and Rob Lawson,"Consumer Rights:An Assessment of Justice",*Journal of Business Ethics* 112, 2013,pp. 515,517.

一步类型化,英国学者从法之“正义”价值维度与消费者权利之间的关系进行讨论,并就正义形式与消费者权利如何归类等作出归纳(见表2-2)。[1]

表2-2　正义价值维度下的消费者权利类型化

正义	消费者权利	消费者相关事宜示例
分配正义	选择权	产业集中水平与“垄断”权力
		价格竞争
	健康与环境可持续发展	可持续消费
		代际影响
		食物、水、避难、教育、能源、互联网等获取权
		消费者“红线”(consumer “redlining”)[2]
	基本需求	市场与穷人
		可选择的生产与消费策略
交换正义	安全	对使用与(不得)滥用的期待(如烟草、酒、药品等)
		儿童消费品
	质量	目的合理性与适当的价值主张
	隐私权	(所提供的)信息的公平交换

---

[1] Gretchen Larsen and Rob Lawson, “Consumer Rights: An Assessment of Justice”, *Journal of Business Ethics* 112, 2013, pp. 515, 524.

[2] “redlining”在美国被认为是在各种服务领域之中对于特定公民存在系统性否认,经常是与种族相关的,某地区或某社区的人,或者直接或通过选择性提高价格等,最典型的例子即在银行或保险等金融服务领域所可能产生的否认(或歧视)等。参见维基百科:https://en.wikipedia.org/wiki/Redlining,2018年6月6日最后访问。

续表

正义	消费者权利	消费者相关事宜示例
程序正义	安全	赔偿程序
		产品召回程序
	信息	精确、充分与偏倚
		行业准则
		广告与标签
		价格信息
		选择知情—伦理消费
	被听取权	提交程序
		激进主义
		新社会运动
	补偿	投诉与处理
	教育	消费者授权与脆弱性
	服务	服务主导逻辑与共同创造
	隐私权	获取与控制信息
互动正义	服务	尊重与尊严
		经验与互动
	隐私权	不必要的侵入
报应正义与恢复正义	安全权	赔偿与惩罚
	补偿	服务补救

在上述消费者权利类型化之中,“安全权”就涉及交换正义、程序正义与报应正义等多维度;对消费者的“补偿”则关涉程序正义与恢复正义;“隐私权”的保护则涉及交换正义、程序正义与互动正义。另外,质量(权)是可以由交换正义进行最基础的最好解

释的一个例证，同时，交换正义也体现在安全权与隐私权之中。[1]实际上，此种正义维度的消费者权利类型化，有助于人们更好地理解这些权利的性质、定位与权利构造，并在制定相应成文法或规则之时配置相应的“权利—义务—责任—救济”体系。

三、民事权利

（一）安全权

安全权一般是指消费者在购买、使用商品或接受服务时所享有的人身和财产安全不受侵害的权利，这是消费者最重要的权利之一。安全权一般包括生命安全权和财产安全权，相应权利内涵并不难理解，即消费者在进行消费之时，其生命、身体、财产等各方面安全均需获得保证。《消费者权益保护法》第 7 条规定，消费者在购买、使用商品和接受服务时，享有人身、财产安全不受损害的权利。消费者有权要求经营者提供的商品和服务符合保障人身财产安全的要求。该权利在消费者的所有权利中居于首位，足见其基础性与重要性。

自 20 世纪中期提出消费者安全权概念至今，就从未停止过讨论。国内学术界近年来关于安全权的研究成果不在少数，[2]跨越食品安全、网络购物安全以及金融消费中的安全等多个新兴领

---

〔1〕 Gretchen Larsen and Rob Lawson, Consumer Rights: An Assessment of Justice, *Journal of Business Ethics* 112, 2013, pp. 515, 521.

〔2〕 相关成果较多，参见涂永前：《食品安全的国际规制与法律保障》，载《中国法学》2013 年第 4 期；张严方：《完善消费者安全权的几点思考》，载《中国工商管理研究》2012 年第 3 期；沈霁园：《第三方支付中消费者安全权相关法律问题研究》，上海社会科学院 2017 年硕士学位论文；黄勇、徐会志：《论 P2P 网络借贷金融消费者权益保护》，载《河北法学》2016 年第 9 期；钱玉文：《论消费者安全保障权的扩张与限制》，载《河北法学》2009 年第 8 期等数百上千篇论文。

域,也出现了一些新现象与新问题,对于这些问题,可能只能从相关司法实践中寻找素材。笔者从两个渠道拣选案例:一是完全基于客观描述,依据具体法律关系特征,框定搜索路径,通过对相当数量案例的整理、甄别、归纳、提炼,进而实现一种类型化问题的总结;二是基于对最高人民法院所发布的指导案例和公报等所遴选公布的案例,择取其审判要旨或重点问题进行分析,进而得出一定结论。但是无论如何,本书对案例的研究均为中国审判实践中的案例,而非教学案例或个人编撰案例。

在最高人民法院所发布的指导案例和公报的范围内,涉及消费者安全权的案件为马水法诉山西重型汽车有限公司等健康权纠纷案。[1] 该案裁判要旨如下:生产者应对其法定免责事由承担举证责任,其自行出具的产品质量检验合格报告不能成为其免责之法定事由。生产者不提供证据证明其产品符合质量标准的,应对受害者承担侵权赔偿责任。该案法律依据主要为《侵权责任法》第15条、第16条、第26条、第41条,最高人民法院《关于审理人身损害赔偿案件若干问题的解释》第10条,《产品质量法》第45条第2款等。

但很有意思的是,上述涉及消费者安全权保障的案例中,却并未直接适用《消费者权益保护法》第7条,甚至都没有适用该法,在一定程度上是一种广义上的对消费者安全的保障。

根据笔者对"北大法宝"案例库中1997年1月1日至2016年12月31日审结的逾七千件消费者合同案件(包括各审级)的梳理

---

〔1〕 参见《最高人民法院公报》2015年第12期。

与类型化分析,[1]拣选出适用《消费者权益保护法》(以下简称《消法》)第7条消费者安全权的案件9起(见表2-3),具体如下。

表2-3　适用《消法》第7条相关案件归纳

序号	案件名称	案号	审理法院	案由	法律依据	判决结果
1	耿某港与江苏疆农食品有限公司买卖合同纠纷一审民事判决书	(2016)苏0507民初97号	江苏省苏州市相城区人民法院	买卖合同纠纷	《消法》第2、7条;《食品安全法》第2、4、34、47、63、148条	消费者胜诉
2	胡某阳与青岛永旺东泰商业有限公司买卖合同纠纷案	(2016)鲁0202民初389号	山东省青岛市市南区人民法院	买卖合同纠纷	《消法》第2、5、7、55条;《食品安全法》第96、99条	消费者败诉
3	胡某阳与青岛永旺东泰商业有限公司买卖合同纠纷案	(2016)鲁0202民初393号	山东省青岛市市南区人民法院	买卖合同纠纷	《消法》第2、5、7、55条;《食品安全法》第96、99条	消费者败诉
4	刘某福与青岛乐天超市有限公司买卖合同纠纷案	(2015)南民初字第11136号	山东省青岛市市南区人民法院	买卖合同纠纷	《消法》第2、5、7、55条;《食品安全法》第96、99条	消费者败诉

---

〔1〕 笔者之所以框定此条件,主要是为了充分限定在"消费者与经营者/生产者"之间的交易,而司法实践之中基本上均是以合同关系等来认定二者之间存在的关系,当然,基于侵权可能产生的侵害消费者身体、财产等方面的案件并不在此列。

续表

序号	案件名称	案号	审理法院	案由	法律依据	判决结果
5	王某柱与青岛家乐福商业有限公司买卖合同纠纷	(2015)南民初字第10627号	山东省青岛市市南区人民法院	买卖合同纠纷	《消法》第2、5、7、55条	消费者胜诉
6	吴某海与广东新一佳商业投资有限公司买卖合同纠纷一审民事判决书	(2015)穗海法民二初字第1987号	广东省广州市海珠区人民法院	买卖合同纠纷	《消法》第2、7条	消费者胜诉
7	刘某林与浙江淘宝网络有限公司等买卖合同纠纷上诉案	(2015)宁民终字第4464号	江苏省南京市中级人民法院	买卖合同纠纷	《消法》第1、7、8、23、25条	消费者败诉
8	刘某林诉莫继堂等买卖合同纠纷案	(2014)江宁开民初字第958号	江苏省南京市江宁区人民法院	买卖合同纠纷	《消法》第1、7、8、23、25、55条	消费者胜诉
9	张某智诉青岛永旺东泰商业有限公司黄岛购物中心买卖合同纠纷案	(2015)黄商初字第2039号	山东省青岛市黄岛区人民法院	买卖合同纠纷	《消法》第7条、《食品安全法》第35、148条	消费者胜诉

以上案件均是有关消费者安全权的案件,但是有关如何认定侵犯消费者的人身及财产安全,却存在不同情形,若将其归纳及类型化,大致可分为以下几个方面:

第一,与此前教学案例或者其他预设判断不同,从基本情况来看,目前司法实践中基于合同关系对消费者安全权的侵害认定基本上都属于间接认定,基本上并未发生任何实际意义上的身体损害与财产损失,而均是立足于相关行为对消费者身体健康等方面的存在危害可能性等，这就使人们可能在直观意义上所认为的安全权变得更复杂。

第二，行政机关的认定成为司法审判中的关键因素与重要依据。在上述“王某柱与青岛家乐福商业有限公司买卖合同纠纷案”中，原告对所购买的银坊蜂巢蜜礼盒向青岛市食品药品监督管理局进行投诉，该局回函认定该产品系虚假、夸大宣传等，法院基于该回复而认定支持返还相应货款以及十倍惩罚性赔偿。在上述“张某智诉青岛永旺东泰商业有限公司黄岛购物中心买卖合同纠纷案”中，青岛市黄岛区食品药品监督管理局作出相应处罚决定，认为被告的行为构成销售标签不真实的食品违法行为，并支持原告的十倍赔偿请求。可见，以“食品药品标准”为基础的行政机关认定，在当下消费者安全权诉讼中具有重要的证据和依据作用。

第三，基于商品标识存在瑕疵而不符合国家相关管理规定的，基本上并不支持惩罚性赔偿。在上述“吴某海与广东新一佳商业投资有限公司买卖合同纠纷案”中，尽管原告所购买的商品“标示内容确有瑕疵”，但原告并没有证据证明商品不符合食品安全标准，因此，法院并不支持惩罚性赔偿。上述有关消费者胡某阳的两个案例，均系原告主张根据国家相关食品管理规定，所购买商品上载明的原料编号有误而导致自己身体不适以及受到伤害，但人民法院对此不予支持。事实上，近年来较多的“知假买假者”甚至“职业打假人”的案件都是基于此种理由，这也是最高人民法院对知假买假者不认定为消费者的重要原因之一。

第四，网络购物等新型交易方式激增，但是有关消费等问题并未发生实质性改变。上述“刘某林诉莫继堂等买卖合同纠纷案”中，系假货销售从线下移至线上，并非基于网络购物新方式而产生新的“法律问题”。因此，目前很多情况下，刻意强调网络购物、相关新型消费方式而产生大量新型法律问题的看法，需认真甄别。

第五，存在“同案不同判”现象。上述“耿某港与江苏疆农食品有限公司买卖合同纠纷案”中，销售者所销售的商品中某些成分定为“不宜作为普通食品原料”或“不宜作为普通食品使用”，对此，法院认为，经营者应停止经营该商品，如认定应当召回的则应当召回，并支持消费者十倍赔偿请求。而在“刘某福与青岛乐天超市有限公司买卖合同纠纷案”中，同样也有所销售商品中存在“不属于普通食品原料”等情况，法院认为原告“应当证明生产销售的食品存在有毒、有害、不符合应当有的营养要求，对人体可能造成急性、亚急性或者慢性危害等可能对人体××造成影响的问题”，而该案中法院却认定由于原告并未存在实际损失，因此仅支持消费者退款，而并未支持十倍赔偿请求。可见，同样基于所售商品中存在“不宜作为普通食品原料”等理由，但是耿某港案中却并未要求消费者具有实际损失，而另一刘某福案中却要求必须具有实际损失才能支持相应惩罚性赔偿。故此，“同案不同判”现象在实践中仍值得关注。

（二）知悉真情权

知悉真情权是消费者依法享有的了解与其购买、使用的商品和接受的服务有关的真实情况的权利。《消费者权益保护法》第8条第1款规定，消费者享有知悉其购买、使用的商品或者接受的服务的真实情况的权利。消费者从事交易行为的基础即以满足自身需要出发，知悉所交易的商品或服务能够满足相应生活需求。知悉真情权具有两重基本内涵：第一，消费者有了解商品或服务的真实情况的权利；第二，消费者有充分了解有关情况的权利。一般来说，对商品和服务中与消费者利益相关的一切信息，消费者都有权了解。根据《消费者权益保护法》第 8 条第 2 款，消费者有权根据商品或服务的不同情况，要求经营者提供商品的价格、产地、生产者、用途、性能、规格、等级、主要成分、生产日期、有效期限、检验合格证明、使用方法说明书、售后服务或者服务的内容、规格、费用等有关情况。总之，凡是与消费者判断、选择、使用商品或服务等相关的信息，消费者都有知悉与了解的权利。让消费者了解真实情况也是消费者正确判断选择的前提，此即信息不对称的校正。只有在充分了解商品有关情况的基础上，消费者才能对其获得该商品或服务是否应付出相应对价作出正确的判断，并且消费者作出令自己满意的选择。

与知悉真情权相对应的，即经营者义务，根据《消费者权益保护法》第 19 条、第 20 条、第 21 条、第 28 条等规定，包括经营者向消费者提供有关商品或者服务的质量、性能、用途、有效期限等，应当真实、全面，不得弄虚作假或引人误解；经营者应标明其真实名称和标记；采用网络、电视、电话、邮购等方式提供商品或者服务的经营者，以及提供证券、保险、银行等金融服务的经营者，应当向消费者提供经营地址、联系方式、商品或者服务的数量、质量、价款或者费用、履行期限和方式、安全注意事项和风险提示等信息。

知悉真情权本身其实并不难理解，在买卖合同中，任何一方当事人均有权知道交易的相关内容，尤其有权知悉有关交易行为客体的客观真实情况,甚至有权了解对方的履约能力等情况,因此,诚实信用原则即为基本要求。在消费者与经营者之间的交易场景下,买卖合同的本质并未改变,只不过此种“双向知悉”转变为“单向知悉”,即消费者有权尽可能充分知悉有关交易商品的信息,而经营者则基本上无权询问消费者的有关状况。

吊诡的是,此种基于私法上诚实信用原则所应当享有的一种权利,为何要特别创制一个权利和相应术语概念,为何在表达上体现为一种类似于宪法以及公法上的“公民知情权”之缩略。众所周知,“知情权”这一概念更多地被运用于公法领域,意在表达公民个体对国家管理社会等事项享有知悉的权利,与政府信息公开、公民对国家的监督等相关。美国总统肯尼迪在 1962 年提出著名的消费者四项权利之一即包括“有权获得正确资料”(the right to be informed)[1]的权利,后被不断演绎,经各种传译与转述,在中国较多时候被称为“消费者知情权”。从基本语义上分析,此种权利自为私法意义上的权利,但为何经过各种转述,此种权利会转变为一种类似于公法上的表达方式? 这可能本身就是需要思考的问题。

学术界对知悉真情权的研究成果也有相当数量,大部分的研究聚焦于从信息角度探讨消费者与经营者之间存在信息不对称,因此,法律应当赋予消费者享有知悉真情权,进而校正此种不对称。[2] “信息不对称”系经济学上的基本理论之一,因为信息基

---

〔1〕 Gretchen Larsen and Rob Lawson, “Consumer Rights: An Assessment of Justice”, *Journal of Business Ethics* 112, 2013, pp. 515, 516.

〔2〕 董文军:《消费者的知情权》,载《当代法学》2004 年第 3 期;彭真明、殷鑫:《论金融消费者知情权的法律保护》,载《法商研究》2011 年第 5 期;郭桂环:《转基因食品标签的消费者知情权比较研究》,载《北方法学》2015 年第 4 期等数百篇。

本上不可能实现完全意义上的对称,仅能趋向更加对称,所以信息不对称是常态。消费者与经营者二者之间所形成的不平衡、不对等关系,如果不考虑经济实力等因素,则最大的关键因素就是二者之间的信息不对称,因此法定的知悉真情权就尤为重要。

从国内很多研究以及法解释上来看,都在主张消费者应享有“充分的信息”,但是何为“充分”,这个看似极为简单的问题却可能是最复杂的问题。事实上,如果经营者并非恶意,消费者也是理性的,二者可能在智慧、理智与经验层面基本对等,但在实践中,二者对什么是“充分”的信息也可能存在不同的理解。这好像一个手风琴的风箱,它是可伸缩的,可以渐次打开的,一般会认为经营者应将商品或服务的全部相关信息告知消费者,但这在实践中是完全不可能的。对于“充分”,多数情况下也是事后解释,事实上对于知悉真情权缺乏一个相对客观的判断标准。

近年来有不少案件,对知悉真情权的适用提供一定的示范与指引。

【案例一】段某国诉中国人民财产保险股份有限公司保险合同纠纷案。[1] 该案裁判要旨为:保险人有义务在订立保险合同时向投保人就责任免除条款作出明确说明,该义务是法定义务,也是特别告知义务。如果保险合同当事人对保险人是否履行该项告知义务发生争议,保险人应当提供其对有关免责条款内容作出明确解释的相关证据,否则该免责条款不产生效力;主要法律依据为《合同法》第 41 条,《保险法》第 17 条第 1 款、第 18 条。

【案例二】刘某捷诉中国移动徐州分公司电信服务合同纠纷

---

〔1〕《最高人民法院公报》2011 年第 3 期。

案。[1] 该案裁判要旨为：如经营者对其提供的某项服务业务存在限制条件，应当在订立合同时向消费者明确告知，以便消费者进行选择。电信服务企业在订立合同时未向消费者告知某项服务设定了使用期限限制，在合同旅行中又以该项服务超过有效期限为由限制或停止对消费者的服务的，属于违约行为，应当承担违约责任；主要法律依据为《消费者权益保护法》第 8 条、第 9 条、第 19 条、第 24 条，《合同法》第 44 条、第 60 条、第 107 条。

【案例三】最高人民法院发布的指导案例 17 号“张莉诉北京合力华通汽车服务有限公司买卖合同纠纷案”。该案裁判要旨为：汽车销售者隐瞒事实、欺诈消费者，法院认定经营者欺诈，撤销该合同，退还购车款以及加倍赔偿购车款；主要法律依据为《消费者权益保护法》第 2 条和第 55 条第 1 款（该款系 2013 年 10 月 25 日修改，修改前为第 49 条）。很有意思的是，该案例仅依据《消费者权益保护法》第 2 条有关调整范围的规定和第 55 条关于惩罚性赔偿的规定，并未依据《合同法》第 54 条有关合同撤销的相关规定。

同时，在有的案例中，如郑某芳诉北京华联综合超市股份有限公司买卖合同纠纷案[2]、郑某芳诉北京华联综合超市股份有限公司等买卖合同纠纷案[3]中，两个案件案情基本相似，但是对《消费者权益保护法》第 8 条的启动机制却并不相同，前一个案件中并未提及第 8 条，而后一个案件中则提及第 8 条，但是综合笔者所研究的数百个案例而言，也有一定数量的案件中直接以第 8

---

[1] 《最高人民法院公报》2012 年第 10 期。
[2] 北京市昌平区人民法院（2016）京 0114 民初 17506 号判决。
[3] 北京市昌平区人民法院（2016）京 0114 民初 12969 号判决。

条为判案依据，要求经营者进一步履行相应告知义务等。可见，第 8 条在理论上与实践适用中均具有重要价值。

（三）自主选择权

消费者的自主选择权，是指消费者根据自己的意愿自主选择所购买的商品或所接受的服务的权利。自主选择权主要是指充分尊重消费者的意思自治，包括根据其主观意愿选择商品与服务、交易对象以及作出决定等。《消费者权益保护法》第 9 条规定，消费者享有自主选择商品或者服务的权利。消费者有权自主选择提供商品或者服务的经营者，自主选择商品品种或者服务方式，自主决定购买或者不购买任何一种商品、接受或者不接受任何一项服务。

众所周知，自主选择权是消费者最重要的权利之一，也是肯尼迪于 1962 年第一次提出的四项权利之一。基于人们的一般认识与想象，消费者享有自主选择权理所应当。但是，一直以来的格式合同、霸王条款等是限制自主选择权的形式，而对于整个社会发展而言，又可能存在新的限制或影响消费者自主选择权的形式。例如，在电信等领域始终存在消费者自主选择权受限情况，饮食行业一直存在限制自带消费品入场消费行为，[1]以及手机生产商将手机绑定软件等。再如在文化产品上，有论者认为，“就消费者选择权而言，在宏观层面上，正义问题看似简单，但是市场力量日益集中在较少的公司手中，这可能使分配正义的可能性将会妥协。又如，流行音乐领域中轻音乐推广者与艺术家日益集中，

---

〔1〕 王新红：《不干预、规制与自律：限制自带消费品入场消费行为的法解释学分析》，载《政治与法律》2018 年第 2 期。

导致价格增加、类型种类和艺术家减少以及最后消费者选择也会减少。因此,关于消费者主权的传统观念也被否定”。[1] 国内学者也致力于对消费者选择权的研究与反思,[2] 比之其他权利,学术界对选择权的反思颇多,现实生活中基于垄断可能产生的消费者选择权被限制、各地依据行政管制而纷纷出台的各种“限购”“摇号”等。

从更深层次的法理而言,在消费者权利表述之内,基本商品与市场商品之间界限泾渭分明,基本商品应当被分配至所有人(因此也可以被视为宏观层面);市场商品则被分配至那些想要获得或享有的人,这也被视为微观层面。此种区分非常重要,因为它展现出潜在于消费者权之下的分配正义的两种不同原则:第一,罗尔斯的“差异原则”与基本需求满足权和健康与可持续发展环境权相关;第二,自由意志原则与选择权相关。[3] 因此,无论在何种层面上讨论选择权,是否能尊重与维护自由意志并使其不受限,是选择权的核心主旨。

在马某远与海南嘉华美兰汽车销售服务有限公司买卖合同纠纷民事二审案[4]中,主要依据是《消费者权益保护法》第 9 条

---

〔1〕 Gretchen Larsen and Rob Lawson, “Consumer Rights: An Assessment of Justice”, *Journal of Business Ethics* 112, 2013, pp. 515, 521.

〔2〕 肖顺武:《政府干预的权力边界研究——以消费者选择权为分析视角》,载《现代法学》2013 年第 1 期;李剑:《消费者选择权、消费心理与竞争法的逻辑——对“酒水不能自带”规定的思考》,载《现代法学》2007 年第 5 期;韩焕玲:《消费者的自主选择权:从 QQ 与 360 大战说开去》,载《经济研究导刊》2011 年第 7 期;刘继峰:《反垄断法益分析方法的建构及其运用》,载《中国法学》2013 年第 6 期;刘银良:《概率下的消费权——北京市摇号购车政策的正当性疑问》,载《法学》2016 年第 6 期等约数百篇。

〔3〕 Gretchen Larsen and Rob Lawson, “Consumer Rights: An Assessment of Justice”, *Journal of Business Ethics* 112, 2013, pp. 515, 519.

〔4〕 海南省海口市中级人民法院(2015)海中法民一终字第 2381 号。

和《合同法》第 107 条、第 109 条等；在北京泰康正和生物科技有限公司与黄某经买卖合同纠纷上诉案〔1〕中，主要依据是《消费者权益保护法》第 9 条和《合同法》第 148 条等；在华某与北京国美在线电子商务有限公司买卖合同纠纷上诉案〔2〕中，主要依据是《合同法》第 8 条和《消费者权益保护法》第 9 条等；在韦某诉金某买卖合同纠纷案〔3〕中，主要依据是《合同法》第 130 条和《消费者权益保护法》第 9 条等。上述案件中都启动了《消费者权益保护法》第 9 条，因此该条在实践中并非虚空条款，而在相当程度上被适用较多。

（四）公平交易权

消费者的公平交易权是消费者在与经营者之间进行的交易中所享有的获得公平交易条件的权利。公平交易条件关系到消费者的核心权益，在市场交易中，消费者要依据经营者所提供的信息来判断商品、服务的性能、内容与价值等。而现实生活中，由于消费者更容易陷入信息不对称中，可能会因经营者欺诈、不诚信等而从事不公平交易。因此，赋予消费者公平交易权，并且对经营者行为进行规制，成为世界各国消费者保护法律之中的重要制度设计。《消费者权益保护法》第 10 条规定，消费者享有公平交易的权利。消费者在购买商品或者接受服务时，有权获得质量保障、价格合理、计量正确等公平交易条件，有权拒绝经营者的强制交易行为。

〔1〕 北京市第二中级人民法院（2015）二中民（商）终字第 08195 号。
〔2〕 北京市第一中级人民法院（2014）一中民（商）终字第 9571 号。
〔3〕 上海市松江区人民法院（2012）松民一（民）初字第 7930 号。

在互联网时代,基于大数据与算法的运用,近年来出现较多购票网站、专车软件在具体运用中的所谓"大数据杀熟""算法歧视"案例,这些情况实际上是经营者对消费者的歧视性交易,这些都侵犯了消费者的公平交易权。当然也有论者认为,大数据杀熟也引出了更多深刻的社会问题,也就是说,大数据杀熟到底是否为价格歧视,是否违背了相关法律,或者说是否需要进一步完善相关法律,都是值得讨论的话题。但不管最终如何定性,技术如何进步,一个诚信、透明、公平的市场交易环境所对应的市场伦理——无论是线下还是线上,都应该是一个成熟的商业社会所共同追求和呵护的。[1]

另外,只有在具有充分竞争的市场中,在商品与服务种类足够丰富的情况下,在满足上述自主选择权的基础上,才涉及进一步讨论公平交易权的问题,因此,公平交易权也与市场竞争、竞争法紧密相关。尽管我国目前已制定了《反不正当竞争法》和《反垄断法》,但这两部法律中涉及经营者公平对待消费者的实施状况却并不令人满意。特别是由于地方和行业的保护,一些经营者(尤其是公用企业)的不正当竞争行为和垄断行为屡禁不止,消费者公平交易权的保护仍然令人担忧。

在司法实践中,有的案件中引用《消费者权益保护法》第10条作为判案依据,但是基本上是一种辅助型条款或非主要判案依据,如在陈某太与青岛润泰实业有限公司佳木斯分公司买卖合同案[2]中,请求权基础主要是《消费者权益保护法》第10条和第55

〔1〕 朱昌俊:《大数据杀熟:无关技术——关乎伦理》,载《光明日报》2018年3月28日。

〔2〕 黑龙江省佳木斯中级人民法院(2015)佳民终字第89号民事判决书。

条,原告基于公平交易权而获得相应惩罚性赔偿;在高某成与利福广场(苏州)有限公司买卖合同纠纷案[1]中,虽然适用第 10 条公平交易权,但案件主要焦点还是原告所购买的食品是否符合食品安全标准;在张某勇与辽宁华润万家生活超市有限公司买卖合同纠纷案[2]中,法院主要依据《消费者权益保护法》第 10 条、第 20 条、第 55 条,针对基于经营者标签错误而损害消费者公平交易权等情况,法院认为,经营者的行为可推定为欺诈行为,适用第 55 条;在方某荣与宁波甬宁苏宁云商商贸有限公司买卖合同纠纷案[3]中,消费者在网上商城购买了一台电视机,经营者提出"对购买其提供的支架免费安装,对消费者自行提供支架的收取 50 元安装费,侵害了消费者的公平交易权利",依据《消费者权益保护法》第 10 条、第 44 条等作出相应判决。

从以上公平交易权的基本理论与司法实践可知,公平交易权作为消费者重要的基础性权利,在实践中可能会存在(潜在)被侵害的不同情况或场景,而在司法实践中,将其作为判案依据,可能并不在多数。但即便如此,"公平"作为法律本身应有的主旋律,自然贯穿始终,在消费者享有知悉真情权、自主选择权之时,"公平"是当然的法价值,只不过在法律进行一种技术层面的权利创设或类型化之时,才将公平交易权作为一项单独的权利。但这几项权利并非被分割或毫无联系,而应将几者作为一个具有逻辑贯通关系的权利体系考察。

---

〔1〕 江苏省苏州市中级人民法院(2016)苏 05 民终 2175 号民事判决书。

〔2〕 辽宁省沈阳市铁西区人民法院(2014)沈铁西民一初字第 940 号民事判决书。

〔3〕 浙江省宁波市海曙区人民法院(2014)甬海商初字第 92 号民事判决书。

(五)获得赔偿权

获得赔偿权是消费者在购买、使用商品或接受服务过程中受到人身或财产损害的,其享有依法获得赔偿的权利。《消费者权益保护法》第 11 条规定,消费者因购买、使用商品或者接受服务受到人身财产损害的,享有依法获得赔偿的权利。

损害赔偿请求权,是指因权利人受到侵害而享有的请求对方承担损害赔偿责任的权利,基于侵权关系或合同关系而产生相应的请求权基础。基于民法上一般规定,当事人对于所受损害理应享有损害赔偿请求权,但为何在消费者法之中又单列一条而特别规定索赔权?消费者法上的索赔权是否需要法律明确规定才能赋予当事人相应权利?从获得赔偿权的类型来看,对人身损害的赔偿包括对生命健康、人格尊严、人身自由等方面的赔偿,同时也可能涉及精神损害赔偿;对财产损害的赔偿包括对不合格商品或者服务修理、重作、更换、退货,补足商品数量、退还货款和服务费用,继续履行,返还预付款,排除商品或者服务的危险等。一般而言,消费者在遭受损害时,可以直接与经营者进行交涉,要求经营者给予适当赔偿。同时,就消费者法特殊的救济方式而言,消费者又可向相关主管机关或消费者协会投诉而获得相应救济。

事实上,在损害赔偿规定上,涉及各国和各地区制定法体系内部规则协调问题。在中国,就损害赔偿而言,在《民法总则》第 157 条、第 179 条,《合同法》总则第 107 条、第 112 条、第 113 条,以及《侵权责任法》第 15 条、第 16 条、第 22 条、第 43 条中都有所规定,其他在《物权法》《担保法》《婚姻法》《继承法》《消费者权益保护法》中也有所规定。从世界范围来看,以德国为代表的大陆法系民法典遵循的是“损害赔偿义务之原因与内容分离”的原则,[1]损害赔偿赔偿请求权的发生原因一般规定于民法典债编分则部分(《德国民法典》第823～853条)以及一些特别法(如《道路交通法》《航空法》《原子能法》《环境责任法》《产品责任法》等)中;损害赔偿义务的内容即损害赔偿的法律效果则规定于民法典债编总则部分(《德国民法典》第249～255条),即损害赔偿义务的规定不仅适用于侵权责任赔偿,还适用于违约等其他原因引起的损害赔偿义务。[2]

我国台湾地区“民法”将损害赔偿的内容统一规定在第213～218条,这些规定对契约责任、侵权责任等一切损害赔偿均有适用余地。[3] 我国台湾地区“消费者保护法”规定商品设计人、生产人、制造人或经销人,因其提供商品之危险致生损害于消费者或第三人,对该等受害人应负连带损害赔偿责任(“消费者保护法”第7条第3项、第8条第1项),唯瑕疵担保责任与契约不履行并无相应条文,基于连带责任法定原则,解释上似难肯定。

“消费者保护法”第7条第3项规定:“企业经营者违反前二项规定,致生损害于消费者或第三人时,应负连带赔偿责任。”该项以消费者或第三人受有损害为其赔偿之对象。然何为消费者或第三人?就消费者而言,“消费者保护法”第2条第1款将之定义为:“以消费为目的而为交易、使用商品或接受服务者。”由此可

---

〔1〕 Medicus/Lorenz, Schuldrecht Ⅰ, 18. Aufl. ,2008. 转引自程啸:《论未来我国民法典中损害赔偿法的体系建构与完善》,载《法律科学》2015年第5期。

〔2〕 程啸:《论未来我国民法典中损害赔偿法的体系建构与完善》,载《法律科学》2015年第5期。

〔3〕 王泽鉴:《损害赔偿法的体系、请求权基础、归责原则及发展趋势》,载《月旦法学杂志》2005年第4期。

见，该款所称之消费者不限于直接与企业经营者交易之人。然该款规定仅注重“交易、使用商品或接受服务”之目的在于“消费”，而忽略为消费之人如果不是直接与企业经营者交易之人时，其与直接交易相对人间之交易关系（消费关系）如何始可连结至该实际为消费之人，并将之论为消费者？原则上应以直接交易相对人明示或默示的同意其消费连结之。未经其同意而擅为消费者，应不属于“消费者保护法”第 7 条第 3 项所称之消费者。盖一个人不能基于侵权行为而取得消费者的地位。同理，该项所称之第三人当指：虽非前述所称之消费者，但为有权出现在消费品现场之人。将上述关系抽象之，该关系其实也就是在缔约上过失或积极侵害债权之理论建构上所称之“社会的或业务的接触”。这些接触皆有其基于社会或业务所构成之生活类型的特征。该生活类型决定了特定企业经营者与特定人（消费者或第三人）间之个别的保护关系。[1]

关于在消费损害之赔偿的请求，“消费者保护法”第 7 条、第 8 条不但不以受害人与义务人间有直接契约关系为要件，还规定对消费者及有权接近供消费之商品或服务所构成之危险源的第三人，销售者与其上游事业应负连带赔偿责任。该连带赔偿责任的肯认，使履行辅助人的问题在消费损害关系基本上丧失其重要性。如果没有我国台湾地区“消费者保护法”之上述规定，不仅不同事业间之辗转销售，仅是在法律上具有独立权利能力之关系企业的介入，皆足以阻断消费者与供应商之间的债务关系，使其消费损害之赔偿的请求遭遇重大困难，必须利用像第三人损害赔偿

〔1〕 黄茂荣：《债法通则之二：债务不履行与损害赔偿》，厦门大学出版社 2014 年版，第 154 页。

请求权或契约对于第三人之保护效力等复杂的理论勉强说明其特别之规范依据。[1] "然因该法律形式与经济实质的分离不能充分满足现代交易关系中消费利益的保护需要,后来以立法的方式,制定'消费者保护法'解决该棘手的说明难题"(同法第7条、第8条)。[2] 在商品责任与品质保证上,就消费者保护法角度而言,不断突破契约关系理论、明示担保理论而采默示担保。邱聪智先生认为,"消费者保护法"第7条第1项"确保其商品或服务,无安全或卫生上之危险",惟此本系基于侵权行为而为设计,但他认为于品质瑕疵担保责任亦可适用,似可认为"强行之默示担保责任"。[3]

因此,就《消费者权益保护法》第11条所规定的获得赔偿权而言,是否规定此条,实际上并不影响消费者基于合同责任或违约责任而享有请求损害赔偿的权利,而且从技术层面而言,还是要回到确定相应请求权基础这一根本问题上。从这一条的立法目的来看,目前虽无官方权威解释,但基本上可以推测该条旨在再次强调消费者能够享有获得赔偿权,而不涉及更多法律技术或裁判适用问题。

王泽鉴先生认为,在实体法上设保护消费者的规定固为重要,程序法上的救济亦不容忽视。消费者权益受损害时,依法律规定虽得请求损害赔偿,实际上多未实现。推究其故,约有几种

---

〔1〕 Esser/Schmidt, Schuldrecht, Band I, Allgemeiner Teilband 2, 8. Aufl., 2000, §27 I 2. 转引自黄茂荣:《债法通则之二:债务不履行与损害赔偿》,厦门大学出版社2014年版,第214页。

〔2〕 黄茂荣:《债法通则之二:债务不履行与损害赔偿》,厦门大学出版社2014年版,第214页。

〔3〕 邱聪智:《新订债法各论》(上),姚志明校订,中国人民大学出版社2006年版,第45页。

原因,如消费者欠缺法律知识,不知其权利的存在;消费者认为其标的价值微小,不值得进行诉讼;消费者认为个人力量不足以对抗企业组织,难期胜诉;消费者对复杂诉讼程序感到陌生及畏惧;消费者对律师或本地区"司法制度"未有足够的信赖等。权利必须主张,始能克制不法行为。消费者主张其权利,非仅为其个人利益,而且也为一般消费者及社会公益。为协助消费者实现其请求权,必须加强消费者智识,使其认识其权利的存在。为鼓励消费者主张其权利,应考虑采用集体诉讼制度、简化诉讼程序、增设仲裁程序、设立辅助机构。如何将这些措施组成一完整之体系,虽有待进一步之研究,但无论如何,人们必须针对现行制度的缺点,设计出一套迅速、简便、经济、公正的制度或程序,使消费者能够主张,贯彻其依法所应享受的权利。[1]

另外,对于消费者法而言,由于对其救济往往并不需要通过诉讼方式,因而可能各国或地区都在试图通过其他途径对消费者进行救济。例如,欧盟就采取对消费者损害进行集体救济的行动,通过采取多元化救济途径,从而充分保护消费者权利。[2] 欧盟于2013年5月颁布《关于消费纠纷的替代性解决并修正第2006/2004号条例及第2009/22号指令的第2013/11号指令》,主要就为以替代性纠纷解决机制(ADR)来解决消费纠纷提供了详细指引,为消费者和经营者提供了一个高效和低成本的诉讼外纠

〔1〕 王泽鉴:《消费者的基本权利与消费者的保护》,载《民法学说与判例研究(三)》,中国政法大学出版社1998年版,第30页。

〔2〕 原文参见欧盟网站,http://ec.europa.eu/competition/antitrust/actionsdamages/collective_redress_en.html,2018年12月22日最后访问。

纷解决路径。[1]

从司法实践角度来看,对《消费者权益保护法》第 11 条的适用也不在少数,大部分情况下与《合同法》第 60 条、第 107 条、第 113 条、第 122 条等一起适用以及与《侵权责任法》第 15 条、第 16 条、第 22 条等一起适用,从而对消费者权利侵害进行救济。

值得一提的是,在上述可划归为民事权利的消费者权利之外,还存在一项潜在权利——消费者个人信息保护(权)。事实上,消费者个人信息保护并非作为一种权利而明列于消费者权利体系之中,而是作为经营者义务而规定于《消费者权益保护法》第 29 条中。与之相关的,即消费者隐私权,实际上,消费者隐私权到底是否为消费者的一项权利,一直都存在争论。“一个最重要的争论即在于隐私权以及其是否应当被确认为一项额外增加的权利。有一些学者认为从消费者角度而言,支持隐私权包括在消费者保护的框架之中。这主要是对科技发展的一种回应,通过使组织存储、分享以及适用日益增长的零售数据去支持不同的市场实践。另外还有观点认为,公司有责任提供最好服务这一要求或目标也只有在充分获得消费者个人信息的情况下才能实现。”[2]因此,从中国制定法的安排来看,将其更多地作为一种经营者义务,可能比作为一项权利而呈现的效果更好。

---

〔1〕 原文参见欧盟网站,https://eur - lex. europa. eu/legal - content/EN/TXT/HTML/?uri = CELEX:32013L0011&from = EN,2018 年 12 月 22 日最后访问。

〔2〕 Gretchen Larsen and Rob Lawson,“Consumer Rights:An Assessment of Justice”,*Journal of Business Ethics* 112,2013,pp. 515,517.

第三节 社会权利与消费者法

社会权利是消费者权利束中的重要权利,以成立消费者维权组织权、知识获取权和监督权等为基本表现形式。从世界范围来看,20 世纪 60 年代在美国首倡消费者权利,进入 20 世纪 70 年代,欧洲国家也进一步探讨保护消费者的基本理念,有论者认为,"社会与经济的运作既非透过国家的直接命令,亦非由经济主体藉由私法自治之自由游戏规则加以调控,毋宁应藉由社会团体间的合作或公权力的调整、平衡其利益,以达成之。在此显示,经济社会不断整合进公法秩序之内(这并非自由主义的理性法及古典主义所乐见的),因此,在二十世纪德意志的法律现实里,这些原则历经政权与政治体系的更迭仍得以持续贯彻。如今它们如此深入公共意识之内,简直可以认为是当代德意志一般法律意识的唯一共通基础"。[1] 此种观察的更大价值在于,不仅发现了私法与公法之间可能存在的互动关系,更发现了社会团体或组织型主体对私法关系的推动发展,这也恰恰成为人们观察消费者社会权利的关键立足点。

一、成立消费者维权组织权

消费者一般是孤立、分散的个体,其所面临的经营者在现代社会往往是实力强大的法人,因此,双方尽管地位平等,但是实质

---

〔1〕 [德]弗朗茨·维亚克尔:《近代私法史——以德意志的发展为观察重点》(下),陈爱娥、黄建辉译,上海三联书店 2006 年版,第 526 页。

意义上的实力却相差悬殊，难言真正平等。因此，由消费者成立相应组织，以实现一种实力、规模、地位上的缩小与平等，对消费者而言十分重要。因此，在全世界范围内，成立消费者组织都是一个重要的维权途径与方式。在1993年《消费者权益保护法》制定之后，对于消费者的几大权利，一般将成立组织权归结为“结社权”，这一点可能就与宪法中的结社权在表达上相同。客观来说，消费者的成立组织权的确来源于宪法上的结社权，但是宪法上的权利更多体现为一种政治意义上的权利，与消费者的“结社”内涵并不相同，因此，使用相同表达似有混淆之嫌。另外，在宪法权利来源基础上，消费者法又将此种“结社权”进一步具体化以及设定独特的实现路径。但殊值强调的是，这并不影响此权利来源于宪法上的结社权。

在2013年《消费者权益保护法》修改之际，立法者便将原先的“消费者享有依法成立维护自身合法权益的社会团体的权利”，修改为“消费者享有依法成立维护自身合法权益的社会组织的权利”。尽管该条从“社会团体”到“社会组织”，只有一词之差，却体现出法律用语的科学性。该权利也由此前的“结社权”而改称为“成立消费者维权组织权”，表达上更加合理。

根据《消费者权益保护法》第30条、第32条、第36条、第37条、第38条、第47条，消费者组织的职责与活动主要包括：在国家有关立法和制定强制性标准时参与意见；向有关行政部门反映消费者意见；对商品和服务进行社会监督，尤其是涉及商品和服务质量问题之时；依法开展保护消费者合法权益的活动；不得从事商品经营和营利性服务，不得以收取费用或者其他谋取利益的方式向消费者推荐商品和服务；代表消费者提起公益诉讼。从司法实践来看，由于该条属于社会权利的条款，根据笔者对北大法宝数据库的检索，尚未见适用该条的相关案件。

二、知识获取权

本书前已叙及，在“消费者—经营者”两造关系中，无论是消费者运动还是消费者保护观念，均是旨在强调经营者义务，在相当程度上忽视了消费者的自我成长。消费者“弱而愚”的人像在很大程度上已无法适应现代社会发展，更需要消费者成为“强而智”的主体，从而增强自身的判断能力、选择能力与交易能力。在获得多种能力过程中，消费者的“知识获取”能力就尤为重要，法律更从权利保障的角度创设了相应的“知识获取权”。

从制定法的规则布局来看，《消费者权益保护法》第 13 条规定，“消费者享有获得有关消费和消费者权益保护方面的知识的权利。消费者应当努力掌握所需商品或者服务的知识和使用技能，正确使用商品，提高自我保护意识”。同时，该法第 8 条知情权，第 20 条经营者的真实、全面告知义务，第 26 条有关格式条款的规制以及第 28 条有关网络、电视、电话、邮购等方式提供商品或者服务的经营者义务等，都在相当程度上是对消费者知识或信息获取权的保障。

除此之外，在对消费者知识获取权保障的过程中，更重要的是对消费者教育的加强。尤其是在社会日益发展，新商品或服务不断出现的背景下，更需要加强消费者教育，如加强金融领域、数字经济时代的消费者教育等。[1]欧盟也非常重视消费者教育，其在 1973 年《消费者保护宪章》中规定了消费者有受教育的权利（the right to education）；后在 1975 年《欧洲经济共同体关于消费者保护和信息政策初步方案的理事会决议》中再次强调消费者的信息和教育权利；后又在 1997 年《阿姆斯特丹条约》（《欧盟条约》在荷兰阿姆斯特丹修改）中规定，完善消费者获得信息和教育的权利；1998 年出台的《1999—2001 年消费者政策行动计划》又进一步指出，欧盟将加强对消费者的社会化尤其是加强对消费者观念转变的教育，使消费者熟悉、掌握被电信技术革命引导的市场营销方式。该行动计划还针对欧盟成员国的状况指出，老人、年轻人、失业者、长期患病者、低收入者、少数民族、没有接受过正式教育的人都属于消费者保护的重点对象，他们属于易受伤害人群，应辅之以特殊教育以提高他们的自我保护能力。[2] 欧盟有关消费者教育的规定表明对消费者获取知识和教育权的充分重视。[3]

从司法实践来看，《消费者权益保护法》第 13 条作为一种消费者社会权利的条款，并非民法意义上的裁判规范，因此，经检索，几无案件适用此条。

三、监督权

消费者的监督权，是指消费者享有对商品和服务以及官方或

---

〔1〕 陈宾：《数字金融发展下我国金融消费者教育研究》，载《浙江金融》2018 年第 12 期；薛国胜：《欧盟在电子商务环境下对消费者基本权利的保护》，载《网络法律评论》2004 年第 2 期。

〔2〕 彭华民：《欧盟的消费者保护与欧盟一体化》，载《南开学报》2000 年第 2 期。

〔3〕 苏号朋、刘春梅：《欧盟消费者保护立法述评》，载《国际商法论丛》，法律出版社 2008 年版，第 139 ~ 157 页。

社会组织保护消费者权益活动进行监督的权利。《消费者权益保护法》第 15 条规定，消费者享有对商品和服务以及保护消费者权益工作进行监督的权利。消费者有权检举、控告侵害消费者权益的行为和国家机关及其工作人员在保护消费者权益工作中的违法失职行为，有权对保护消费者权益工作提出批评、建议。

监督权与上述宪法中的结社权相似，也基本上属于公民的政治权利范畴。《宪法》第 41 条规定，“中华人民共和国公民对于任何国家机关和国家工作人员，有提出批评和建议的权利；对于任何国家机关和国家工作人员的违法失职行为，有向有关国家机关提出申诉、控告或者检举的权利，但是不得捏造或者歪曲事实进行诬告陷害。对于公民的申诉、控告或者检举，有关国家机关必须查清事实、负责处理……”但需注意的是，宪法上公民的监督权仅限于监督“国家机关和国家工作人员”，当然这也是对监督权的最大保障，因为一国公权力最核心的就是国家机关以及国家工作人员。如有论者认为，“1982 年宪法修改的主导思想之一，就是特别重视人民对国家权力的监督；对于监督权，或许可以说，宪法主要是从人民管理国家事务的角度，而不是从消极自由的角度来建构的”。[1] 因此，宪法已经在最大限度内赋予公民对公权力的监督权。

“举重以明轻”，既然宪法已赋予公民监督权，那么《消费者权益保护法》第 15 条所规定的消费者监督权自然也在此权利向度内。第 15 条第 2 款所规定的“消费者有权检举、控告侵害消费者权益的行为和国家机关及其工作人员在保护消费者权益工作中

---

〔1〕 杜强强：《基本权利的规范领域和保护程度——对我国宪法第 35 条和第 41 条的规范比较》，载《法学研究》2011 年第 1 期。

的违法失职行为，有权对消费者保护权益工作提出批评、建议”，则是对《宪法》第41条的进一步具体化，将其限缩在消费者权益保护领域而已。在《食品安全法》中，更提到了社会监督与舆论监督等。

对于宪法上相关权利的溯源，是否会产生相应疑问：消费者法上的监督权是否必须要规定于制定法之中？如不规定是否消费者就无法享有监督权等社会权利？对此，消费者法上的社会权利将如何定位？殊值深思。

四、社会权利在消费者中的地位

消费者法仍然是以私法为基础，其发展脉络体现出根深蒂固的私法影响。对于社会权利的加入，我们仍应谨慎视之。因为这涉及法律本身的脉络与科学性等问题。毫无疑问，消费者作为一个私法主体，在相应制定法上创设行为规范与裁判规范固无可厚非，但是否要将其他由宪法、公法或私法基础规范已经涵盖的规范内容大一统地都放置在一部制定法之内，似乎值得再探究。

从以上分析可以看出，实际上除消费者的知识获取权与受教育权可以说是专属于消费者的权利，其他的如成立消费者维权组织权以及监督权都可以被宪法上的基本权利所吸收或容纳。因此，消费者法的科学性首先就体现在权利的科学性与体系性上。

有论者认为，消费者权来源于民事权利，但消费者权已从权利主体、权利内容和权利实现机制三方面超越民事权利，不仅每项具体消费者权具有明显权利扩张性和权利义务不对等性特征，而且消费者权作为组合性权利范畴本身也具有明显的扩张性特征。可以说，消费者权的确立与变迁是诱致性变迁与强制性变迁的必然结果。[1] 笔者对此种观点无法赞同。如果仅从中国消费者法中的权利体系表象来看,消费者权呈现一定的分隔与组合,但是如果从权利溯源与实质来看,很多权利似乎不应出现在消费者单行法之中。换言之,权利并非越多越好,也并非基本权利被具象化就是最佳路径。

综上所述,本书并未将本节标题定为“消费者法中的社会权利”,而是将标题定为“社会权利与消费者法”,二者之区别在于,前者是笃定认为消费者法中包含一系列的社会权利,后者则为探讨社会权利与消费者法之间的关系。事实上,笔者并不赞同将宪法上可能与消费者法相联接的权利都在单行法或制定法中具体化,这可能会造成若干体系混乱与思维负担。因此,笔者始终坚持,无须在单行法中规定应属于宪法的权利,而在消费者法中,仅规定专属于消费者的权利,这对理解消费者之本质以及消费者法的精髓极为重要。

---

〔1〕 钱玉文:《消费者权的确立与演变——制度变迁视角的解读》,载《现代法学》2010年第1期。

第三章　消费者合同的体系化

消费者法一直被定位为民法特别法和政策型法,但凡提起消费者问题,必将是以"特别"思路进行思考,但此种特别化对待也导致现实中的法律规则与政策极其细碎化,使其在私法坐标系中的位置以及消费者法本身的体系化被忽视。恰是在此种思维惯性下,消费者合同也是以"特立独行"的形象出现在合同群中,"限制契约自由"成为一条主线,只要极尽限制,似乎消费者合同就是公平的,消费者保护就是完美的。从法律实践来看,此种限制可能会导致另外一种境况——法律适用僵化、利用惩罚性赔偿等条款的恶意者屡屡出现。因此,从观念上与理论上重新缕清消费者合同的规则体系,让其回归"合同实质化"而非"合同僵化与简化",实为必要。本章开启对消费者合同法基本理论的研究,以期实现诸多法哲学家对消费者保护在法技术层面的合同制度上所寄予的期望,并进一步挖掘与建构中国消费者合同法制度的体系化。

第一节 格式条款

一、概念与特征

格式条款,是指由当事人一方为与不特定多数人订约而预先拟定的,并且不允许相对人对其内容作变更的合同条款,该条款是由一方当事人在未与对方协商的情况下事先拟定,被重复地使用。[1] 格式条款所构成的合同被称为格式合同。在不同国家中,格式条款的称谓与对待也不尽相同。法国法上称为附和合同(contract of adhesion),一般也认为附和合同这一概念源自法国法;在英美法国家中,一般被称为标准合同。美国法上大约在1919年由帕特森(Edwin W. Patterson)发表在哈佛法律评论上的一篇文章中引入这一概念,[2]后被美国法院所接受,加利福尼亚最高法院在1962年Steven v. Fidelity & Casualty Co. 案中对标准合同的含义进行了一定阐述。[3] 在世界各国,由于格式条款自其产生之初就在一定程度上背离意思自治原则,并存在潜在的不公平之处,其始终是合同法上重点关注的问题之一。

---

〔1〕 崔建远主编:《新合同法原理与案例评释》(上),吉林大学出版社1999年版,第91页。

〔2〕 Patterson, E. , The Delivery of a Life - Insurance Policy, *Harvard Law Review* 33, 1919, p. 198; see also Friedrich Kessler, Contracts of Adhesion—Some Thoughts About Freedom of Contract, *Colum. L. Rev.* 43, 1943, p. 629.

〔3〕 Steven v. Fidelity & Casualty Co. , 58 Cal. 2d 862.

依据格式条款的产生初衷与自身特性,可总结为如下特征:[1]

第一,缔约之成本节约与效率性。合同自为当事人意思自治的产物,系当事人之间平等协商之结果。但是随着人们交易量之增大与频繁,"一对一"谈判往往使相同的交易因谈判对手不同以及时间、空间和议价能力之不同,而产生不同结果。对一方当事人而言,如此往复便会使其权利、义务处于不稳定状态,从而增加对未来合同的不可预期性和风险性。换言之,"一对一"谈判方式所进行的"反复磋商"机制可能造成极大的资源浪费。基于社会现实,经济生活中有一些条款被高频、重复使用,这已为现实所需并经检验。因此,格式合同产生的初衷或最根本动因即成本节约与效率考量。

第二,条款之预先拟定与不可变更性。格式条款的生成,从要约/承诺这一过程来看,在要约阶段,为追求效率以及应对可能的不确定性,当事人一方已设定好条款具体内容,同时此种要约面对不特定的多数人,而非面对特定人,此种要约也不允许对方在承诺之时加以修改;在承诺阶段,由于条款本身的不可变更性,作为承诺一方,无权变更条款内容,只能选择接受与否,而不存在通常合同签订之时的商谈过程,直接进入合同成立/不成立这一阶段。因此,这一特性就决定了格式条款/格式合同订立阶段的特征,这也是从法律角度考察格式条款订入控制的基础与前提。

---

〔1〕 例如,有学者认为格式合同具有五个特征,包括格式合同要约的广泛性、持续性与细节性,承诺的无奈性,缔约的高效性和低成本性,条款具有预先确定性和不变性,当事人经济地位的不平衡性。参见崔建远主编:《新合同法原理与案例评释》(上),吉林大学出版社1999年版,第91~92页。

第三，当事人地位之不平衡性。法律总是预设在最不利或最差的客观情况下，如何对主体权利义务进行规制以及调整主体之间的关系。合同本质在于当事主体之间的意思自治和平等协商，而由于条款的事先拟定性与不可变更性，导致此种平等协商的基础被瓦解，意思自治也受到挑战。人们推定进入格式条款视野的当事人之间具有不平衡性，并成为普遍共识。然而不容忽视的是，现代社会身处交易之中的基本上均是理性人，拟定合同条款一方也希望自己的合同被对方接受，而非不想让对方接受，为了实现条款的高频重复使用，其自身在设定条款之时就要对条款本身的公正性与合理性进行考量，只有实现条款的公平性，才能增加订约的可预期性和确定性。效率、公平、正义等基本价值以及人际博弈、交易可持续性等因素，对最终在各方之间达成一个利益的均衡点不可或缺。交易者无法忽视这些约束机制，这也使最终设定的格式条款不致出现太多的不均衡利益。从近些年的社会现实来看，格式条款被接受程度较高，足见拟定条款一方也在克服自身之逐利褊狭，而尽可能实现公平与利益平衡。

二、制度功能与体系定位

合同是当事人之间的合意，充分彰显意思自治，同时又受到已达成合意的约束。正如德国哲学家施塔姆勒所言，合同"所使用的语言即为法律"。[1] 格式合同，恰是对充分意思自治和合意的限制，使格式条款尽管"因效率而生"，但却在一直在"为正义而战"，即契约自由→当事人地位不平等（垄断地位）→不平等的矫

---

〔1〕［德］施塔姆勒：《正义法的理论》，夏彦才译，商务印书馆2016年版，第300页。

正。德国著名法官施泰讷(Henry J. Steiner)将法官职业共同体所默认的社会理论观念称作一种“社会图像”,其中也提到了标准条款,他谈道,“所谓社会图像……我指的就是法院关于社会(其社会经济结构、社会互动方式、道德目标和政治意识形态)的感受,关于社会行动者(其性格、行为和能力)的感受,以及关于意外事故(其原因、规模和损失)的感受!”“因而这个概念包括了法院对以下各种问题的理解:事故发生率和事故的社会成本,市场定价机制的运作方式,个人明智行为的能力,企业形式的科层合理性,契约中标准条款的效果,19 世纪或今天关于增长或分配的意识形态。社会图像不仅包括经验性观察(汽车事故的数量),而且包括对事件的评价性刻画(在特定情境下不存在自由选择)和对于所描述事件的不赞成或同情(一个‘精明的’交易或一个‘不幸的’损失)。”施泰讷法官的此种观点进一步阐释了哈贝马斯关于“私法的实质化过程”这一观点。[1]

格式合同的产生具有历史必然性,随着市场交易和社会的不断发展,在邮电、银行、保险、铁路、航空、城市用水、电、医疗等领域,尽管这些领域基本上均处于垄断或准垄断地位,但是诚如上述所言,由于格式合同面对不特定人,并且需要被反复使用,因此拟定主体也在合同条款之可接受性上逐渐实现公平与平衡。在 20 世纪 80 年代前后,有学者对美国社会所产生的合同进行统计分析,发现有 99% 以上的交易行为通过签订格式合同来完成。[2]

---

〔1〕 参见[德]哈贝马斯:《在事实与规范之间——关于法律和民主法治国的商谈理论》,童世骏译,生活·读书·新知三联书店 2011 年版,第 486 ~ 488 页。

〔2〕 林益山:《商品责任及保险与消费者保护》,六国出版社 1988 年,第 304 页。转引自贾敬华:《不完备合同的经济分析——论经济分析法学的理论模式》,中国人民大学法学院 2004 年博士学位论文,第 79 页。

其在经济发展和社会生活中起到的作用可见一斑，格式合同的普遍化成为20世纪合同法发展的重要标志之一。[1] 因此，就制度功能而言，在“商业压倒工业”（凡勃仑语）的今天，商业运作中的标准化、规模化交易无疑需要格式合同来降低成本，如果没有格式条款，工业、贸易和商业部门的运作将难以想象。同时，格式条款对社会生态的影响深远，映照了现实社会的企业与消费者缔约力量对比。[2]

就体系定位而言，格式条款虽在制定法体系中多规定于合同成立部分，但其并非仅限于合同成立阶段的合意基础与“要约—承诺”过程，而是与内容、效力等诸方面形成体系效应，其在整个合同法中的地位不容忽视。恰如有学者将合同变迁总结为合同法“实际上已经演化为二重区分的双轨体系：针对经当事人自由磋商形成的合同和基于格式条款产生的合同（或者部分合同内容）”。[3] 对格式条款，在星野英一的著作中也有所提及——贯穿于其中的契约的内容，是由在社会经济生活中处于优势地位的当事人单方面地预先决定下来，对方不得不全面地承认而订立契约。对对方而言，实际上不可能变更其所不满意的契约的个别条款。对方虽然有对契约不满意便不缔约的自由，但是如果其是生活中所必需的契约，事实上就不得不订立。在法国，这样的契约被称为附和契约；在德国，这样的条款被称为普通契约条款。不

---

〔1〕 贾敬华：《不完备合同的经济分析——论经济分析法学的理论模式》，中国人民大学法学院2004年博士学位论文，第79页。

〔2〕 谢鸿飞：《合同法学的新发展》，中国社会科学出版社2014年版，第147页。

〔3〕 朱岩：《格式条款的基本特征》，载《法学杂志》2005年第6期。

过其内容的适当性当然成为问题。[1] 格式条款甚至成为消费者法最为核心运用的条款。

就由格式条款而形成的格式合同而言,其在我国台湾地区被称作“定型化契约”,此种契约多以说明形式表现之,预售屋买卖契约书、银行贷款保证书、旅游契约书、分期付款买卖契约书、有线电视订户契约书、信用卡申请书等,均为适例。唯定型化契约条款不以书面为限,其以放映字幕、张贴、牌示或其他方法表示者,亦属之。[2] 我国台湾地区“消费者保护法”第 15 条规定:“定型化契约中之一般条款抵触非一般条款之约定者,其抵触部分无效。”所谓“一般条款”,即为“定型化契约条款”,盖“一般条款”之用语,显为德国法上“Allgemeine Geschaftsbedingungen”之翻译,而德国法上是项概念。所谓“非一般条款”,则为当事人双方就其契约内容经磋商后,所为之具体约定。唯如双方当事人就其个别契约,经磋商后,而约定其内容之全部或一部分者,则如该约定与当事人一方通用之一般条款相抵触者,依当事人之意思,自应优先适用个别之约定,此乃“消费者保护法”第 15 条揭示“个别商议约定优先定型化契约条款”之缘由也。[3]

由是观之,格式条款不仅是在合同法体系之内举足轻重,而且广泛适用于消费者合同等,尤其是在互联网平台快速发展之

---

〔1〕 [日]星野英一:《私法中的人》,王闯译,中国法制出版社 2004 年版,第 72 页,注 113。

〔2〕 詹森林:《定型化契约之基本问题——以信用卡为例》,载詹森林:《民事法理与判决研究——民法总则、债法总论、买卖法及消费者保护法》,北京大学出版社 2005 年版,第 255 页。

〔3〕 詹森林:《定型化契约之基本问题——以信用卡为例》,载詹森林:《民事法理与判决研究——民法总则、债法总论、买卖法及消费者保护法》,北京大学出版社 2005 年版,第 256 页。

时,格式条款更为普遍适用。准此,格式条款事实上更成为消费者合同的基本条款形式,也是消费者法在调整“经营者—消费者”二元关系时所始终关注的议题,而现实中的格式条款更因法价值等因素考量而在订入、内容以及效力等多向度探讨如何进行规制。

三、规范构成与法律规制

就格式条款而言,法律上从条款的订入、内容和效力三个层面进行讨论时,早有学者意识到,“如何规制格式条款的效力即成为现代合同法的一大课题”。[1]

(一)现行法律规定

现行法律规定涉及格式条款的内容基本上被规定在《合同法》《消费者权益保护法》《保险法》中,大致包括以下条款(见表3-1)。

表3-1 现行法及司法解释关于格式条款的规定

《合同法》	第39条(格式条款定义及要求) 采用格式条款订立合同的,提供格式条款的一方应当遵循公平原则确定当事人之间的权利和义务,并采取合理的方式提请对方注意免除或者限制其责任的条款,按照对方的要求,对该条款予以说明。 格式条款是当事人为了重复使用而预先拟定,并在订立合同时未与对方协商的条款。
	第40条(格式条款的无效) 格式条款具有本法第五十二条和第五十三条规定情形的,或者提供格式条款一方免除其责任、加重对方责任、排除对方主要权利的,该条款无效。

---

〔1〕 张新宝:《定式合同基本问题研讨》,载《法学研究》1989年第6期。

续表

《合同法》	第41条(格式条款的解释) 对格式条款的理解发生争议的,应当按照通常理解予以解释。对格式条款有两种以上解释的,应当作出不利于提供格式条款一方的解释。格式条款和非格式条款不一致的,应当采用非格式条款。
《消费者权益保护法》	第26条(禁止经营者以格式条款等方式免责) 经营者在经营活动中使用格式条款的,应当以显著方式提请消费者注意商品或者服务的数量和质量、价款或者费用、履行期限和方式、安全注意事项和风险警示、售后服务、民事责任等与消费者有重大利害关系的内容,并按照消费者的要求予以说明。 经营者不得以格式条款、通知、声明、店堂告示等方式,作出排除或者限制消费者权利、减轻或者免除经营者责任、加重消费者责任等对消费者不公平、不合理的规定,不得利用格式条款并借助技术手段强制交易。 格式条款、通知、声明、店堂告示等含有前款所列内容的,其内容无效。
《保险法》	第17条 订立保险合同,采用保险人提供的格式条款的,保险人向投保人提供的投保单应当附格式条款,保险人应当向投保人说明合同的内容。 对保险合同中免除保险人责任的条款,保险人在订立合同时应当在投保单、保险单或者其他保险凭证上作出足以引起投保人注意的提示,并对该条款的内容以书面或者口头形式向投保人作出明确说明;未作提示或者明确说明的,该条款不产生效力。
《保险法》	第19条 采用保险人提供的格式条款订立的保险合同中的下列条款无效: (一)免除保险人依法应承担的义务或者加重投保人、被保险人责任的; (二)排除投保人、被保险人或者受益人依法享有的权利的。
	第30条 采用保险人提供的格式条款订立的保险合同,保险人与投保人、被保险人或者受益人对合同条款有争议的,应当按照通常理解予以解释。对合同条款有两种以上解释的,人民法院或者仲裁机构应当作出有利于被保险人和受益人的解释。

续表

最高人民法院《关于适用〈中华人民共和国合同法〉若干问题的解释（二）》	第6条　提供格式条款的一方对格式条款中免除或者限制其责任的内容，在合同订立时采用足以引起对方注意的文字、符号、字体等特别标识，并按照对方的要求对该格式条款予以说明的，人民法院应当认定符合合同法第三十九条所称“采取合理的方式”。 提供格式条款一方对已尽合理提示及说明义务承担举证责任。
	第9条　提供格式条款的一方当事人违反合同法第三十九条第一款关于提示和说明义务的规定，导致对方没有注意免除或者限制其责任的条款，对方当事人申请撤销该格式条款的，人民法院应当支持。
	第10条　提供格式条款的一方当事人违反合同法第三十九条第一款的规定，并具有合同法第四十条规定的情形之一的，人民法院应当认定该格式条款无效。

（二）订入控制与内容

学界对于《合同法》第39条、第40条争论颇多，主要涉及第39条第1款的规范性质、第39条与第40条之间的关系、消费者合同格式条款的订入等。

就第39条第1款的性质而言，一般认为，该款规定了提供格式条款方应当承担法定提示义务和说明义务，系强制性规定。对于何为“合理的方式”，根据最高人民法院《关于适用〈中华人民共和国合同法〉若干问题的解释（二）》第6条的规定，提供格式条款的一方对格式条款中免除或者限制其责任的内容，在合同订立时采用足以引起对方注意的文字、符号、字体等特别标识，并按照对方的要求对该格式条款予以说明的，人民法院应当认定符合《合同法》第39条所称“采取合理的方式”。有论者认为，该款位于“合同的订立”一章，依法律体系解释方法和逻辑解释方法，应解释为系格式条款订入合同的规则;[1]也有学者认为,未提请对方注意或应对方要求予以说明的,视为该条款未订入合同。[2] 而有论者认为,该款既是订立规则又是效力规则。[3] 对于这一款,似乎学界大部分倾向于将其认定为订入规则,而并非效力规则,笔者也对此表示赞同,同时,应综合考察第39条、第40条,再认定几者的适用关系。

就第39条与第40条之间的关系而言,根据这两条的规定,从形式上看,即免责或者限责的格式条款,无论其提供者是否尽到告知义务,一律被认定为无效。[4] 有学者认为,按照第39条第1款规定,格式合同中的免责条款如果履行了提示义务和说明义务就有效。而第40条却认定"免除其责任"的免责条款绝对无效,因而与第39条的规定相矛盾。[5] 有学者认为,第39条是格式条款是否订入合同的问题,而第40条则是格式条款的效力问题,二者在适用时具有逻辑上的先后性,对免责条款效力的判断以其是否订入合同为前提。[6] 还有学者提出,"将格式条款的免责条款提请注意,是因格式条款完全是一方制定的,免责条款只是对未来可能发生的责任予以免责,而《合同法》第40条所提到的免除

---

〔1〕 刘璐、高圣平:《格式条款之订入合同规则研究》,载《广西社会科学》2005年第2期。

〔2〕 王利明主编:《中国民法典学者建议稿及立法理由——债法总则编·合同编》,法律出版社2005年版,第231页。

〔3〕 程金洪:《论格式条款的效力——〈合同法〉第39条与第40条之比较》,载《中北大学学报》(社会科学版)2011年第4期。

〔4〕 李贝:《法国债法改革对我国民法典制定的启示意义》,载《交大法学》2017年第2期。

〔5〕 梁慧星:《同一合同法:成功与不足》,载《中国法学》1999年第3期。

〔6〕 周清林:《论格式免责条款的效力层级——兼谈〈合同法〉及其司法解释之间的矛盾及其协调》,载《现代法学》2011年第4期。

责任,实质条款的指定人在格式条款中已经不合理地不正当地免除其应当承担的责任。而且所免除的不是未来的责任,而是现在应当承担的责任。这两条所规定的免除责任的情况是不一样的,因此是不矛盾的”。[1] 还有学者认为,是否违反第39条第1款义务的情形究竟处于什么样的效力状态,至少从第39条看不出来。从体系化视角而言,第40条必定是对第39条的完善性规定。否则,第39条根本没有意义而无从适用。就此,应以格式免责条款提供方是否履行提请注意与说明义务来判断,若违反这一义务视为双方并未就该条款达成一致,这些条款就不被认定为合同条款。假若提供方未违反此提请注意和说明义务而对方当事人接受的,相应条款属于《合同法》第52条、第53条情形的,应强制性地认定为无效;若属于失权条款情形,即属于“免除自己主要义务”和“排除对方主要权利的”,亦应认定无效;若是“加重对方责任”的显失公平条款,则应按照可变更、可撤销来对待;不属于上述几种情况的,则统统有效。[2] 笔者也对最后一种观点表示赞同,即应分层视之,并进行体系化解释。例如,在杨某岭诉中国平安财产保险股份有限公司天津市宝坻支公司案中,法院以“保险公司除提示其重要性之外,必须将关联条款的概念、内容及法律效果以书面或者口头形式向被保险人或其代理人进行解释,使被保险人明确理解此条款的真实含义”为由,判定保险公司提供之格式条款无效。[3]

---

〔1〕 王利明:《对〈合同法〉格式条款规定的评析》,载《政法论坛(中国政法大学学报)》1999年第6期。

〔2〕 周清林:《论格式免责条款的效力层级——兼谈〈合同法〉及其司法解释之间的矛盾及其协调》,载《现代法学》2011年第4期。

〔3〕 天津市第一中级人民法院(2006)一中民二终字第527号民事判决书。

另外,也有学者讨论格式合同中价格条款的规制问题。以《合同法》《消费者权益保护法》《价格法》等相互交织的规范群为基础,综合讨论消费者合同中单方价格表述的性质认定、订入控制与效力审查、意思表示的解释等彼此勾连的几个问题,目的在于为消费者合同中价格条款的法律规制提供一个理论与司法实务中皆切实可行的认知基础。例如,在"订入控制"阶段,经营者单方价格表述如果可以被认定为格式条款,则首先面临缔约过程中"合意度"的审查。检索我国现行立法,《合同法》第 39 条第 1 款与《消费者权益保护法》第 26 条第 1 款皆涉及格式条款订入控制规则,但规范内容略有差异,亟须深入分析。从订入控制的层面观察,《消费者权益保护法》第 26 条第 1 款在两个方面拓展了《合同法》第 39 条第 1 款的规范内容。首先,第 26 条第 1 款采取了"一般条款与法定示例"的立法技术,把格式条款提供方(经营者)提示告知义务的范围拓展到所有"与消费者有重大利害关系的内容",同时列举了商品或服务的数量和质量、价款或费用、履行期限和方式、安全注意事项和风险警示、售后服务、民事责任等十余项法定示例。其次,第 26 条第 1 款在提示说明义务的标准上,以尺度更为严苛的"显著方式"替代了"合理的方式"。[1]

从司法实践来看,对格式条款的效力认定等存在不同情况。例如,在孙某静诉上海一定得美容有限公司服务合同纠纷案中,[2]法院认为,在消费者预付以及经营者分次提供服务的预付式消费模式中,如果经营者提供的格式条款中载明"若消费者单

〔1〕 汪洋:《消费者合同中价格条款的法律规制》,载《华东政法大学学报》2017 年第 5 期。

〔2〕 《最高人民法院公报》2014 年第 11 期。

方终止消费,则经营者对已经收费但尚未提供商品或服务部分的价款不予退还"的,此类条款违反合同法与消费者权益保护法相关规定,应认定为无效;另外,若消费者单方终止消费,经营者并无违约或者过错的,应结合消费者过错程度、经营者已经提供的商品或服务占约定总量的比例、约定计价方式等因素综合确定消费者的违约责任。相关法律依据为《合同法》第 40 条、《消费者权益保护法》第 24 条。在来某鹏诉北京四通利方技术有限公司服务合同纠纷案中,[1] 网站采用电子文本的格式条款合同方式,供用户选择并确定双方权利义务,不违反法律规定。格式条款只要不违反法律禁止性规定,应视为有效。

(三)格式条款的行政规制

不容忽视的是,由于专门知识的垄断化以及抽象系统的大量存在,个人的判断力无可避免地减退了,它越来越被各种媒体、广告所替代,这不是让生产者、销售者承担告知义务就能解决的。[2] 事实上,在法律技术方面,对契约中弱者个人进行保护的措施也存在各种难题,这是目前各国立法过程中十分伤脑筋的事情。[3] 现实中,对格式条款还会实行核准制度(行政控制)。对构成交易条件的契约条款,由主管机关或专门机构事先加以审查,亦为有效控制的方法。

例如,我国台湾地区对格式条款就进行一定的行政管制。大致方法包括:第一,由行政机关公告各种定型化契约之模板,提供

---

[1] 《最高人民法院公报》2006 年第 2 期。

[2] 谢鸿飞:《现代民法中的"人"》,载《北大法律评论》2000 年第 2 期。

[3] [日]星野英一:《私法中的人》,王闯译,中国法制出版社 2004 年版,第 89 页。

企业经营者参考,并通过市场竞争法则及消费者之压力,使该模板逐渐为企业经营者所乐于采用或不得不采用。台湾地区已在预售屋买卖、汽车及家电用品分期付款买卖、旅游、信用卡、文理类及技艺类补习、衣服洗染、有声语言录像带、录音带、有线电视之使用、医疗等领域使用定型化契约书模板。第二,由行政机关公告各种定型化契约之应记载事项或不得记载事项。于此情形,如企业经营者使用之定型化契约条款与公告事项有违反者,该条款无效。但需要注意的是,定型化契约虽记载行政机关公告之应记载事项,但并非"保证"该定型化契约,即必然有效。盖定型化契约,其最后之裁判者,仍为法院,而非行政机关。故行政机关公告之应记载事项,仍应经法院司法审查确定为有效后,始有终局拘束契约当事人之效力。第三,由行政机关随时派员查核企业经营者使用之定型化契约条款,并于发现有不符诚信原则情事时,依行政监督方法,使企业经营者改正之,或洽由消费者保护官提起不作为诉讼,请求法院判决禁止该条款继续使用。第四,由行政机关依特别法之规定,命企业经营者于使用定型化契约条款前,应先行核准,否则不得依该条款而出售商品或提供服务。[1]

从我国台湾地区的具体规定来看,"消费者保护法"保护之法益为消费利益及公共利益。除消费利益外,因为"消费者保护法"也保护公共利益,所以其规定,各级行政机关得对足以不利影响消费者利益之行为给予事前管制(第33条:调查、检验及公开其经过及结果)、事后处置(第36条:命限期改善、回收或销毁,必要

---

〔1〕 詹森林:《定型化契约之基本问题——以信用卡为例》,载詹森林:《民事法理与判决研究——民法总则、债法总论、买卖法及消费者保护法》,北京大学出版社2005年版,第257~258页。

时并得命企业经营者立即停止该商品之设计、生产、制造、加工、输入、经销或服务之提供,或采取其他必要措施)或处罚(第 56 条至第 62 条)。关于该法所保护之利益限于消费利益,该法虽无直接之明文规定,但实质上为“最高法院”所采。在“最高法院”2001 年的一个民事判决中写道:“所谓消费者,依‘消费者保护法’第 2 条之立法解释,指以消费为目的而交易、使用商品或接受服务者而言。银行或其他金融机构与连带保证人间所订立之保证契约,乃保证人担保借款人对金融机构债务之清偿责任,金融机构对保证人并未提供任何商品或服务,保证人并未因有保证契约而自银行获得报偿,尚非属‘消费者保护法’所规定有关消费之法律关系,自无该法之适用。”〔1〕

另外,韩国公平交易委员会对标准约款审查制度更具特色,值得一提。〔2〕 韩国现行《约款规制法》对不公正约款,不仅采纳事后确认无效和由公平交易委员会于审查后劝告或责令经营者予以纠正的措施,而且为积极建立健康的交易秩序,防止不公正约款的流通,还规定了事前制定特定领域标准约款的程序和促使经营者使用标准约款的相关规定。

第二节 典型消费者合同

本章所称消费者合同,并非基于合同特性而被定义的有名合

〔1〕 黄茂荣:《债法通则之二:债务不履行与损害赔偿》,厦门大学出版社 2014 年版,第 19 页。

〔2〕 崔吉子:《消费者合同法比较研究》,北京大学出版社 2013 年版,第 94 ~ 96 页。

同。消费者合同是一种概括称谓，指涉与消费者相关的合同，是指交易一方主体主要是消费者或在历史演进过程中，此种合同的产生是为保护消费者权利而产生。本节所称“典型消费者合同”，主要是指目前探讨较多的与消费者相关的合同，如网络、电视、邮购合同，分期付款买卖合同，消费信贷合同等，但从实践来看，分期付款买卖合同在合同交易中运用较多，并非集中于消费者交易。

早在19世纪初，英国的法律中就有关于公共马车不得任意拒载顾客的规定。[1] 这一规定反映了法律为了消费者利益而对马车主选择缔约当事人的限制，可谓首开为保护消费者利益而限制契约自由之先河。但这种规定毕竟有偶然性，并不能说明消费合同法律制度已经形成。拉德布鲁赫认为，契约自由与私有财产权相联系，这种法律秩序的实质在于，为了经济上的弱者利益而使契约自由受到限制并使财产权承担义务。[2] 大陆法系典型国家德国从社会公共利益的立场出发，出于对消费者利益的考虑，对契约自由原则规定了诸多限制，在《德国民法典》中有所规定。自19世纪末以来，随着西方发达国家信用制度的发展与标准合同的广泛使用，消费者的权益保护遭遇更多挑战。在此大背景下，各国相继颁布涉及消费者交易的典型合同法律规范，德国自19世纪末以来先后制定《分期付款买卖法》《消费者信贷法》《上门交易法》《远程销售法》等。例如，美国相继颁布大量单行成文法和判例，旨在构建消费者保护立法体系，先后制定食品、药品、

---

〔1〕 谢怀栻：《外国民商法》（上），中国人民大学出版社1986年版，第26页。
〔2〕 ［德］拉德布鲁赫：《法学导论》，中国大百科全书出版社1997年版，第67页。

化妆品、消费信贷、租赁(分时度假[1])等方面法律法规,主要规定商品或服务的信息披露、商业行为正当性、价格公平、交易安全、消费平等等内容。

一、网电及邮购买卖合同

网络、电视、电话、邮购合同,系随着社会发展而出现的不同于以往见面交易的买卖形式,这类交易往往是买方先支付相应价款,再获得卖方商品,因此在相当程度上取决于卖方信用程度。而在当下互联网急速发展与数字经济时代,网购等已成为普遍形式,因此,如何保护此类消费者权益是当下所面临的重要问题。此类合同也成为消费者法领域所重点研究的内容。

《消费者权益保护法》第25条规定,"经营者采用网络、电视、电话、邮购等方式销售商品,消费者有权自收到商品之日起七日内退货,且无需说明理由,但下列商品除外:(一)消费者定作的;(二)鲜活易腐的;(三)在线下载或者消费者拆封的音像制品、计算机软件等数字化商品;(四)交付的报纸、期刊。除前款所列商品外,其他根据商品性质并经消费者在购买时确认不宜退货的商品,不适用无理由退货。消费者退货的商品应当完好。经营者应当自收到退回商品之日起七日内返还消费者支付的商品价款。退回商品的运费由消费者承担;经营者和消费者另有约定的,按照约定"。第28条规定,"采用网络、电视、电话、邮购等方式提供商品或者服务的经营者,以及提供证券、保险、银行等金融服务的

---

[1] 分时度假属于较新消费行为,相关资料参见 Thomas A. Dickerson, "Resort Timesharing: The Consumer's Rights and Remedies in the US", *International Travel Law Journal* 40, 2001, pp. 40–52。

经营者,应当向消费者提供经营地址、联系方式、商品或者服务的数量和质量、价款或者费用、履行期限和方式、安全注意事项和风险警示、售后服务、民事责任等信息”。这两条是目前消费者法直接涉及网购等经营者义务的条款,分别对远程交易中经营者的信息义务和消费者的退货权作出规定。这两条也是2013年修改《消费者权益保护法》时新增加的内容,这意味着立法者已经意识到此种交易形态的特殊性。

对于上述第25条,其中规定了无理由退货的适用范围与法定排除适用的情形;约定排除适用的情形以及退货费用承担、价款返还以及消费者退货时的相应义务。此条一般被称为“无理由退货制度”,我国台湾地区一般称为消费者的“犹豫权”,英美等国家称之为“冷静期规则”(cooling-off rule),欧盟称为“撤回权”。尤其在欧盟,《欧盟消费者权利指令(2011/83/EU指令)》为远程合同(如网络合同)以及场外合同(如上门合同)制定了新标准。这也是2014年《德国民法典》第312条等相关规定被修改的重要原因。[1] 该指令第9条规定了撤回权,即“1. 在不存在第16条所规定的例外的情况下,消费者拥有一个14天的期限,在此期限内,他可以不必告知理由,不必支付除第13条第2款和第14条中所规定的款项之外的费用的情况下,撤回其所签订的远程销售合同或是在营业场所外订立的合同……”,第10条规定“未告知撤回权”,第11条规定“撤回权的行使”,第12条规定“撤回的效力”,第13条规定“撤回后经营者的义务”,第14条规定“撤回后消费者的义务”,第15条规定“撤回权的行使对附随合同的效

〔1〕[德]弗洛里安·艾修:《2002年后〈德国民法典〉的主要发展》,载《私法研究》(第20卷),法律出版社2016年版,第133页。

力”,第16条规定“撤回权的例外”。[1] 可见,欧盟消费者法系以“撤回权”为主线之一,甚至是消费者法的核心。

2018年8月,中国颁布《电子商务法》,也对电子商务经营者、电子商务合同的订立与履行、争议解决等内容进行规定。对于电子商务合同的订立,该法第49条规定,“电子商务经营者发布的商品或者服务信息符合要约条件的,用户选择该商品或者服务并提交订单成功,合同成立。当事人另有约定的,从其约定。电子商务经营者不得以格式条款等方式约定消费者支付价款后合同不成立;格式条款等含有该内容的,其内容无效”。第51条规定,“合同标的为交付商品并采用快递物流方式交付的,收货人签收时间为交付时间……”可见,电商法中对电子商务合同成立和交付等规定,符合现实中消费者网上购物的行为习惯与特征,并且对网购行为进行了较为准确的概括。

网络标价错误等问题,实践中多有发生,我国法院在处理标价错误案件中,对合同的成立与效力的认定也莫衷一是,对与此相应法律效果的认定更是多种多样。在判断合同不成立的情形,法院有认为存在缔约过失责任者,也有不支持继续履行而未论及缔约过失者。判断合同成立的情形中,法院有认为合同继续有效应当继续履行者,也有认为合同可因重大误解或显失公平而撤销者,还有认定为消保法上价格欺诈者。本质上依然是法院在裁判背后所秉持的价值判断的差别而对法律效果的判定也必须符合体系强制的要求。其中在合同是否成立的问题上,在无法从网页标价页面中解释出商家不愿受其表示约束而保留缔结合同与否

[1] 《欧盟消费者权利指令(2011/83/EU)指令》,张学哲译,载《中德私法研究》(第9卷),北京大学出版社2013年版,第181~190页。

可能性的情形下，不应认为网页本身属于要约邀请。而购物网站的规则若未能尽到提示说明义务，则不满足我国《消费者权益保护法》第 26 条关于订入控制的要求，消费者可以撤销这一格式条款。另外，其关于发货才是承诺的格式条款也因违反《消费者保护法》第 26 条第 2 款关于内容控制的要求而不生效力。[1] 在现有结构下，网站商品展示页面虽然标价错误，但消费者却已点选下单，根据"解释先于撤销"[2]的原则，此时商家在商品标价页面所作出的表示（标定的价格），在客观规范意义上与作为消费者的受领人通过下单而作出的意思表示达成一致，因此合同在网站所标定的（错误的）价格之上成立。而这种情况下，商家是否可依据我国《民法总则》、《民法通则》及其司法解释、《合同法》中关于"重大误解"的规定而撤销？在消费者是否具有合理信赖的问题上，我国台湾地区曾有案例以消费者对于商品售价表示的错误存有认识可能性，从而欠缺值得保护的信赖，若不允许经营者撤销其错误的意思表示将有违诚信原则，赋予经营者撤销权。这样的做法并非妥当，且与其相关规定有违。依我国台湾地区"民法"第 91 条，相对方是否具有合理的信赖并不影响合同是否成立，也不影响合同是否可撤销，而只是应否赔偿的问题。之所以如此不当处理，其实是由于其"立法"中的无过失要件对撤销权的限制所迫。事实上，"合理信赖"包含着"无过失"而不知的要件，正如

---

〔1〕 王天凡：《网络购物标价错误的法律规制》，载《环球法律评论》2017 年第 2 期。

〔2〕 Detlef Leenen, BGB Allgemeiner Teil, Rechtsgeschäftslehre, 2 Aufl, 2015, De Gruyter, § 14, s 278, Rn 34. Reinhard Singer, Staudinger Kommentar, Allgemeiner Teil, 2011, § 119, Rn7. Helmut Köhler, BGB Allgemeiner Teil, 33 Aufl, C. H. Beck, 2009, S. 69. 转引自王天凡：《网络购物标价错误的法律规制》，载《环球法律评论》2017 年第 2 期。

《德国民法典》第122条中所订:受损一方知道或因过失而不知道(应当知道)无效或可撤销的原因的,不发生损害赔偿义务。因此,相对方若经规范解释认定其并不存在合理信赖,则虽由撤销受有损害也不能获得赔偿,可资我国司法实践考量借鉴。[1] 因此,在网络标价错误等场合,仍应坚持有利于消费者的法价值选择,法技术上遵循"解释先于撤销"之原则。

近年来欧盟委员会在推行数字化单一市场战略中,于2015年5月公布了一项关于数字内容供应与在线货物买卖统一规则的立法动议(Proposal for a Directive of the European Parliament and of the Council on Certain Aspects Concerning Contracts for the Online and Other Distance Sales of Goods),该动议包括两项内容:第一,有关数字内容供应合同的特定方面的建议;第二,关于在线和其他远程货物买卖合同的特定方面的动议。[2] 该指令建议中,对经营者义务所出售的货物与合同相符以及货物不符合合同时对消费者的救济、货物更换、消费者解除合同等内容均进行了相应规定。该指令对于欧盟境内应对数字内容供应与在线货物买卖中的新问题,提供了重要指引。

另外,我国台湾地区邮购买卖相关实践也具有重要借鉴价值。由于消费者系依企业经营者提供之商品信息(如电视、广播、报纸、传真、电话等),即决定购买,消费者于购买前,多无机会实际检视商品。故消费者收受商品后,虽已察觉该商品有不符所需、价格过高、名过其实等问题,惟因该等情形,均不构成"民法"

---

[1] 王天凡:《网络购物标价错误的法律规制》,载《环球法律评论》2017年第2期。

[2] 《欧洲议会与欧盟理事会〈关于提供数字内容合同的特定方面的指令建议〉》,张彤、张甜译,载《中德私法研究》(第15卷),北京大学出版社2017年版。

上物之瑕疵(第354条),亦难径谓出卖人(企业经营者)有欺诈、胁迫(第92条),或买受人(消费者)错误(第88条),或客观上有暴利行为(第74条)等事由,故消费者欲诉诸“民法”上之救济,而解除契约(第359条)或撤销契约(第92条、第88条、第116条),或诉请法院撤销契约或减轻给付(第74条)者,殊有困难。因此,“消费者保护法”第19条第1项规定,邮购或访问买卖之消费者,对所收受之商品不愿买受时,得于收受商品后7日内,退回商品或以书面通知企业经营者解除契约,无须说明理由,亦毋庸负担任何费用或价款。为确保消费者此项解除契约之权利,第19条第2项规定,企业经营者与消费者间之约定抵触第1项之规定,无效。[1] 对于访问买卖,最具争议的即在于,如何判断合同签订过程之“邀约”的性质,“邀约”非“要约”,我国台湾地区对“消费者保护法”第2条第9款所称“邀约”之概念,采严格认定标准,有疑义时,原则上应为有利于消费者之解释。[2]

可见,在世界范围内,各国家和地区都对网购等交易中的消费者保护非常重视,而在当下网购已成为主流交易方式之时,纠纷频现,如何理解网购中的核心焦点与救济关键,是理论界与实务界共同关注的问题。对此,欧盟的“撤回权”为主线似乎能为人们提供更多思考向度与实践应对关注点。

---

〔1〕 詹森林:《“消费者保护法”上特种买卖之实务与立法问题》,载詹森林:《民事法理与判决研究——民法总则、债法总论、买卖法及消费者保护法》,北京大学出版社2005年版,第341页。

〔2〕 LG Tuebingen, NJW - RR 1988 821; AG Schoeneberg, NJW - RR 1988, 115. 转引自詹森林:《“消费者保护法”上之邮购买卖及访问买卖》,载詹森林:《民事法理与判决研究——民法总则、债法总论、买卖法及消费者保护法》,北京大学出版社2005年版,第341页。

二、分期付款买卖合同

分期付款买卖作为买卖合同的特殊形式，在古罗马时就已存在，[1]是典型的信用买卖。工业革命和信用经济催生分期付款买卖制度的蓬勃发展，立法也随之进行相应制度构建。立法上，有的国家对分期付款买卖专门立法，如德国、日本、英国等，这些国家在分期付款买卖法中一般只限定标的物适用的范围，但并不限定适用的主体或特定的法律关系。我国台湾地区“民法”对分期付款买卖作出一般性规定，“消费者保护法”则对经营者与消费者之间的分期付款买卖作出了特别规定，诚如邱聪智先生认为，“‘消费者保护法’关于分期付款买卖之规定，与‘民法’此处所定分期付价买卖之关系，固可视为本法之特别法……解释上‘民法’分期付价买卖仍有相当广泛之存在空间”。[2] 再如，《瑞士债务法》第226（H）条第2款规定，“买方不支付两期付款且未付款之和至少达到总价款的十分之一，或者不支付一期付款已达总价款的十分之一，或者不履行最后一期付款的，卖方有明确权利保留的，可以请求付清买价”。[3]

我国在《合同法》第167条对分期付款买卖合同解除进行规定，“分期付款的买受人未支付到期价款的金额达到全部价款的五分之一的，出卖人可以要求买受人支付全部价款或者解除合同。出卖人解除合同的，可以向买受人要求支付该标的物的使用

〔1〕 徐炳：《买卖法》，经济日报出版社1991年版，第495页。

〔2〕 邱聪智：《新订债法各论》（上），姚志明校订，中国人民大学出版社2006年版，第144页。

〔3〕 宁红丽：《分期付款买卖法律条款的消费者保护建构》，载《华东政法大学学报》2013年第2期。

费”。最高人民法院《关于审理买卖合同纠纷案件适用法律问题的解释》第37条规定,“合同法第一百六十七条第一款规定的‘分期付款’,是指买受人将应付的总价款在一定期间内分两次以上向出卖人支付。分期付款买卖合同的约定违反合同法第一百六十七条第一款的规定,损害作为消费者的买受人利益的,人民法院应当认定该约定无效”。第38条规定,“分期付款买卖合同约定出卖人在解除合同时可以扣留已受领价金,出卖人扣留的金额超过标的物使用费以及标的物受损赔偿额的,对于超过部分,人民法院不予支持。当事人对标的物的使用费没有约定的,人民法院可以参照同地同类标的物的租金标准确定”。有学者认为,“分期付款买卖是买受人将其应付的总价款分为若干部分,按照一定期限分不同期数向出卖人逐次支付的买卖”。[1] 这一定义与买卖合同司法解释的规定一样,强调了分期付款买卖在付款期限与方式上的“分期”。按照司法实践中的解释,“该条规定一般适用于经营者和消费者之间,标的物交付与价款实现在时间上相互分离,买受人以较小的成本取得标的物,以分次方式支付余款,因此出卖人在价款回收上存在一定的风险”。[2]

目前分期付款买卖相关法律规定比较粗糙,对分期付款买卖合同形式、内容等方面均未进行正面规定。就合同形式而言,是否应采书面形式也存在争议。[3] 就合同内容而言,法律对分期付款买卖合同标的物交付时点等均未进行规定,如在当事人对标的物交付时间没有约定的,出卖人应于买受人交付第一次分期金的

---

〔1〕 崔建远:《合同法》(第2版),北京大学出版社2013年版,第458页。

〔2〕 最高人民法院(2015)民申字第2532号民事裁定书。

〔3〕 翟云岭:《买卖合同形式及内容的法律规制——以分期付款买卖合同为视角》,载《法学》2007年第1期。

同时交付标的物；除法律或合同另有约定外，标的物所有权应自出卖人交付时起转移给买受人，等等。[1] 黄立先生提出，分期付款买卖应为“当事人以特约约定由买受人受领标的物，并以分期方式支付价金之全部或一部的买卖”。[2] 这一概念也说明，分期付款买卖的最大特征在于，当事人交付标的物之后再行“分期付款”，这样才能使这一行为与法律概念具有实质意义。

在近年来的司法实践中，尤为值得一提的是2016年最高人民法院指导案例67号——汤长龙诉周士海股权转让纠纷案。该案大致案情如下：原告汤长龙与被告周士海于2013年4月3日签订“股权转让协议”及“股权转让资金分期付款协议”。双方约定：周士海将其持有的青岛变压器集团成都双星电器有限公司6.35%股权转让给汤长龙。股权合计710万元，分四期付清：2013年4月3日付150万元，2013年8月2日付150万元，2013年12月2日付200万元，2014年4月2日付210万元。此协议双方签字生效，永不反悔。协议签订后，汤长龙于2013年4月3日依约向周士海支付第一期股权转让款150万元。因汤长龙逾期未支付约定的第二期股权转让款，周士海于同年10月11日，以公证方式向汤长龙送达了《关于解除协议的通知》，以汤长龙根本违约为由，提出解除双方签订的《股权转让资金分期付款协议》。次日，汤长龙即向周士海转账支付了第二期150万元股权转让款，并按照约定的时间和数额履行了后续第三期、第四期股权转让款的支付义务。周士海以其已经解除合同为由，如数退回汤长龙支付的

---

〔1〕 吴志忠：《论我国〈合同法〉有关分期付款买卖规定的不足》，载《武汉大学学报》（哲学社会科学版）2009年第3期。

〔2〕 黄立：《民法债编各论》（上），中国政法大学出版社2003年版，第128页。

四笔股权转让款。汤长龙遂向人民法院提起诉讼,要求确认周士海发出的解除协议通知无效,并责令其继续履行合同。另查明,2013 年 11 月 7 日,青岛变压器集团成都双星电器有限公司的变更(备案)登记中,周士海所持有的6.35%股权已经变更登记至汤长龙名下。

该案裁判要点为:有限责任公司的股权分期支付转让款中发生股权受让人延迟或者拒付等违约情形,股权转让人要求解除双方签订的股权转让合同的,不适用《合同法》第 167 条关于分期付款买卖中出卖人在买受人未支付到期价款的金额达到合同全部价款的1/5时即可解除合同的规定。法院认为,该案买卖标的物为股权,与以消费为目的的一般买卖合同不同;股权已完成相应变更登记;从诚实信用与维护交易安全角度,确认该股权转让效力。

该案作为指导性案例,具有重要的示范作用与影响力。学界也对此指导案例提出质疑与反思,认为该案的裁判理由与相关法律规则之解释以及司法实践并不相符。事实上,在审判实践中,以生产经营为目的的分期付款买卖合同纠纷远多于以消费为目的的分期付款买卖合同纠纷。交付标的物后分期付款是分期付款买卖合同的本质属性,该指导案例混淆了《合同法》第 94 条所规定的解除权与第 167 条所规定的解除权之间的区别,将不能满足第 94 条的解除要件,阐释为不适用第 167 条的理由。[1]

事实上,分期付款买卖合同虽起源于消费者合同视域,但并非完全仅限于该领域,诚如本章开篇所述,消费者合同仅为一类

---

〔1〕 钱玉林:《分期付款股权转让合同的司法裁判——指导案例 67 号裁判规则质疑》,载《环球法律评论》2017 年第 4 期。

概括称谓,并非具有严格的法律规范与法技术层面的特征。在实践中,"分期""付款""买卖""股权"等存在不同组合,并且被分解的要素与特征运用较为广泛。有学者统计,在最高人民法院裁判文书网上,以"分期付款买卖合同纠纷"案由为检索对象,并以关键词"《中华人民共和国合同法》第一百六十七条"进行全文搜索,截至2017年4月5日,共检索到199份民事判决书,均适用《合同法》第167条作出裁判。其中,以生活消费为目的的分期付款买卖合同纠纷案件共14件,主要涉及手机、家具等买卖,仅占全部案件的7%;其余185件均系为生产经营目的之需的有关运输车辆、工程机械设备等货物分期付款买卖合同,占全部案件的93%。在以生活消费为目的的14件分期付款买卖合同纠纷案中,当事人依照《合同法》第167条的规定请求解除合同的有7件,另有7件请求买受人支付剩余全部价款,当事人的请求均得到了法院的支持;在以生产经营为目的的185件分期付款买卖合同纠纷案中,当事人依照《合同法》第167条的规定请求支付剩余全部价款的有182件,仅有3件当事人请求解除合同,该类案件当事人的请求也均得到法院的支持。由此可见,从司法审判的角度,实践中分期付款买卖合同纠纷多发生于以生产经营为目的的买卖合同中,而非以生活消费为目的的买卖合同中。[1] 可见,分期付款买卖因其灵活的"分期付款"而在实践中被广泛运用。

综上可知,尽管分期付款买卖在最先出现之时,与消费者具有较大联系,但随着实践发展,如若仍以消费者合同等"特征预设"而衡量分期付款买卖合同,似有较大偏颇。因此,回归到"分

---

〔1〕 钱玉林:《分期付款股权转让合同的司法裁判——指导案例67号裁判规则质疑》,载《环球法律评论》2017年第4期。

期付款买卖”本身的特征、行为定性、法技术分析，似乎对于该制度的建构、解释与利用，更为有益。

三、消费信贷合同

消费信贷合同，系指消费者与经营者之间，就一定期间内有偿使用对方提供的货币资金而达成的协议。一般仅指有关消费者接受由经营者提供信用的合同。在实践中，通常表现为消费者为了生活需要从金融机构或其他经营者处获得贷款的消费借贷合同，如房产抵押消费贷款、汽车消费贷款以及其他物品的消费贷款合同等。有学者认为，不动产买卖中的按揭贷款合同也属于分期付款交易，但它并非在出卖人与买受人之间进行，而是发生在买受人与银行之间，故不适用《合同法》第167条。[1] 从合同形式上来看，银行借款合同、消费信贷合同为要式合同。

一般而言，消费者在获得消费信贷时具有以下权利：

第一，获得信用与授信平等权。这是消费者在消费信用中的基础权利。即任何消费者享有获得合理、客观、公正的信用额度或信用交易的权利。例如，美国联邦贸易委员会（Federal Trade Commission）根据《平等信用机会法》（Equal Credit Opportunity Act）的适用情况进行解释，该法适用于相关授信主体，包括银行、小规模贷款及融资公司、零售以及大型酒店、信用卡公司、信用卡联合协会以及任何参与授信的主体，如安排融资的房地产中介机构等。联邦贸易委员会提出，“（申请人）在申请信用时，授信机构不得……”，“在决定是否给予信用时，授信机构不得……”，“当评

〔1〕 姚欢庆：《〈合同法〉第167条规范宗旨之错位及补救》，载《浙江社会科学》2007年第2期。

价(申请人)收入时,授信机构不得……”,“(消费者)也享有如下权利……”,“对女性的特别提示……”,等等。[1] 从文字表述上可以看出,其中多以规定授信主体之消极义务为主,而以保护消费者权利为主要内容。[2]

第二,信用消费知悉真情权。消费者在准备进行信用消费贷款时,应能了解到贷款人的交易条件,有权要求贷款人对交易条件进行诚信解释。在缔结合同时,有权完全了解交易条件,包括贷款人与出卖人之间的合作协议;消费者在合同中享有特别撤销权;在不能如期还款时,可要求一定展期;贷款人在行使解除权时,应给予消费者必要的准备时间;消费者违约时,应不适用定金罚则,也不支付违约金,但应支付迟延利息。[3]

第三,消费者的隐私权保护。由于授信需要提供一定个人信息与资料,因此在整个过程中,授信人应充分保护消费者的隐私。

第四,异议权。指授信主体或经营者在对消费者不予授信或授信不公允时,消费者有权提出异议。该权利与授信平等权相关联。[4]

就利息而言,我国现行法的利息管制规则对保护消费者而言,上限过高。在管制方式上,各国通常都将显失公平制度作为兜底性规范。利息管制制度具体运行的效果,取决于信贷的弹性

---

[1] 美国联邦贸易委员会网站,https://www.consumer.ftc.gov/articles/0347 - your - equal - credit - opportunity - rights/,2018 年 10 月 21 日最后访问。

[2] 姚佳:《个人金融信用征信的法律规制》,社会科学文献出版社 2012 年版,第 131 页。

[3] 曹诗权、龚瑞:《论消费信用中的消费者权益保护》,载《法商研究》2002 年第 4 期。

[4] 姚佳:《个人金融信用征信的法律规制》,社会科学文献出版社 2012 年版,第 132 页。

或管制的有效性。在现代社会,因为投资手段日益多样,利息管制在社会保障方面的效果日益降低。[1]

对于根据消费借贷合同而借贷的资金,如果消费借贷合同完全或者部分的为买卖合同或提供其他给付的合同融资,且这两个合同构成经济上的整体性时,基于此种贷款目的关联性和经济整体性的合同,在德国法上被称为关联合同。[2] 此制度对消费者权益保护主要在两个方面:第一,当消费者按照法律规定撤回买卖合同或信贷合同时,其效力均及于另一个合同,即撤回直索,并规定于《德国民法典》第358条第1款、第2款;第二,消费者可以买卖合同抗辩事由抗辩银行,即抗辩直索,并规定于《德国民法典》第359条。[3] 但抗辩直索是辅助性的,消费者应首先对经营者要求履行义务或请求去除瑕疵或请求给付无瑕疵的商品,只有当这些请求在实际上是不可能的或者被期待时,消费者才可以拒绝返还贷与人所提供的贷款金额。[4] 最高人民法院《关于审理商品房买卖合同纠纷案件适用法律若干问题的解释》第24条规定,"因商品房买卖合同被确认无效或者被撤销、解除,致使商品房担保贷款合同的目的无法实现,当事人请求解除商品房担保贷款合同的,应予支持"。该条实际上也与德国法规定相似,即使商品房买卖合同与消费信贷合同之间具有一定关联性。可见,出于保护消

---

〔1〕 许德风:《论利息的法律管制——兼议私法中的社会化考量》,载《北大法律评论》2010年第1卷。

〔2〕 Dr. Michael Knoll, Uebersicht: Verbundene Vertraege §§358, 359 BGB, in Juristisches Repetitorium Hemmer, Maerz 2009 S. 1. 转引自刘怡:《论德国关联合同制度及其借鉴意义》,载《法律适用》2012年第9期。

〔3〕 刘怡:《论德国关联合同制度及其借鉴意义》,载《法律适用》2012年第9期。

〔4〕 迟颖:《关联合同中产生于买卖合同的抗辩权对贷款合同的适用性问题——从一则案例看德国消费信贷法抗辩权延伸制度》,载《法学论坛》2007年第5期。

费者之目的,在消费信贷合同等领域,各国都在积极探索保护消费者权益之道。

随着经济的发展,尤其是电子商务、平台经济的发展,现阶段通过平台而进行相应信贷消费日益增多,尽管交易形式有所改变,但其中的法律关系以及消费者、经营者权利义务与传统消费信贷法律关系相同。但是由于互联网上的交易大多并非如线下交易更为直接,因此如何防范相应资金风险以及保护消费者隐私、信息等,又给实践与理论提出新的挑战与命题。

四、医疗服务是否适用消费者合同理论

医疗服务在形式上也符合《消费者权益保护法》第 2 条所规定的"消费者为生活消费需要购买、使用商品或者接受服务"的情形,但由于医疗服务具有专业性、风险性等特点,学界对医疗服务过程中所产生的权利义务纠纷能否适用合同法律关系和消费者意义上的合同关系存在较大争议。[1] 我国台湾地区也同样存在此种争议,并以此决定医疗损害是否有"消费者保护法"之适用余地。有论者指出,实务上开始时采肯定的见解,而后不但改采否定见解,[2] 且该否定见解经以立法的方式明文化。关于医疗损害之赔偿,"医疗法"(2005 年 2 月 5 日修正)第 82 条规定:"医疗业务之施行,应善尽医疗上必要之注意(第 1 项)。医疗机构及其医

〔1〕 吴运来:《医疗损害救济的合同路径研究——兼与侵权路径比较》,载《北方法学》2017 年第 5 期;艾尔肯:《论医疗合同关系》,载《河北法学》2006 年第 12 期;刘勇:《论医疗合同中的医师说明义务》,载《南京社会科学》2009 年第 7 期。

〔2〕 我国台湾地区"最高法院"2001 年 4 月 26 日台上字第 709 号民事判决、"最高法院"2006 年 9 月 28 日台上字第 2178 号民事判决。参见黄茂荣:《债法通则之二:债务不履行与损害赔偿》,厦门大学出版社 2014 年版,第 19 页,注 3、注 4。

事人员因执行业务致生损害于病人，以故意或过失为限，负损害赔偿责任（第2项）。”关于消费损害，这与“消费者保护法”第7条规定事业应负无过失之危险责任者不同。这个问题根本涉及危险责任之建制的问题。实际上，医学界之所以反对将医疗关系纳入“消费者保护法”的适用范围，实质理由是：医疗机构对于医疗损害负担不起该法所定之危险责任。[1] 可见，对于医疗服务行为是否适用消费者法等问题，学界基本上持否定倾向。

第三节　体系化构造

一、文本、实践与问题

消费者合同作为涵括涉及消费者的相关合同，不仅包括作为主线的格式条款，还包括原初涉及消费者却仍在不断演进甚至变化的分期付款买卖合同、消费信贷合同等。然而，所列众项，仍无法特别周全地描述、提炼中国消费者合同法（或法律规范），因为其间所涉内容纷繁复杂，逻辑也并不明显。

但凡讨论复杂事物，人们总要尽量将其“出繁入简”，即所谓将复杂问题尽量简单化。面对消费者法如此繁多的法律规范与似乎并不清晰的逻辑与编排，世界各国都在努力建立一种简约而不简单、简化而不粗糙的逻辑、具体规则与观念提炼。

德国消费者法律规则看似非常庞杂，尽管笔者无法一一列举并进行法技术分析，但综观整体，德国法上的消费者权利似乎始

---

〔1〕 黄茂荣：《债法通则之二：债务不履行与损害赔偿》，厦门大学出版社2014年版，第20页。

终围绕三个关键词——信息、意思表示与信用,可提炼出一条可能的逻辑主线——撤回权。信息与意思表示之间联系更为紧密,基于消费者处于信息上的弱势,信息不完全导致其无法自由形成意思,因此,法律规定消费者享有撤回权,而撤回权的正当性基础在于其意思形成受到妨碍,[1]而这种妨碍并不必真正形成,只要具有潜在的妨碍意思形成之可能性即可。[2] 相对而言,信用本身与信息、意思表示以及撤回权等几者之间的关系稍疏远,但其恰恰体现了消费关系之重要特点,即以"信用"为联结和中介,又产生分期付款法律关系等。由此可见,德国法上经历了从制定《消费者信贷法》《上门交易法》《远程销售法》等单行法,到废止这些法律,并将相关规则并入《德国民法典》,相应权利主线基本上是在民法域内,以消费者合同以及特殊类型交易的权利为主。

再以美国法为例,如前所述,美国是世界范围内消费者运动最为活跃的国家,1962 年肯尼迪总统所提出的消费者权利即消费者运动的重要成果。但美国并没有联邦意义上的消费者保护法,而是主要致力于对交易过程中的欺诈行为进行调整,欺诈所涉范围不仅包括合同,还包括公司、商业等诸方面的欺诈。事实上,美国由众多单行成文法和大量判例构成消费者保护立法体系,先后

---

〔1〕 G. Reiner, Der verbraucherschützende Widerruf im Recht der Willenserklärung, AcP 2003, S. 4. 转引自王洪亮:《消费者撤回权的正当性基础》,载《法学》2010 年第 12 期。另外,虽然消费者撤回权的引入深受消费者保护运动的影响,但其正当性基础并不在于保护消费者,因为任何立法偏向都可能是违反平等原则的,因此,消费者保护本身并不能成为规定消费者撤回权的正当性理由。参见王洪亮:《消费者撤回权的正当性基础》,载《法学》2010 年第 12 期。

〔2〕 H. Eidenmüller, Die Rechtfertigung von Widerrufsrechten, AcP 210, S. 68. 转引自王洪亮:《消费者撤回权的正当性基础》,载《法学》2010 年第 12 期。

制定有关食品、药品、化妆品、消费信贷、租赁(分时度假)等方面法律法规,主要规定商品或服务的信息披露、商业行为正当性、价格公平、交易安全、消费平等等内容。客观而言,美国消费者法比德国法更加复杂,由于其合同法与商业法的基因异质于大陆法系,因此,总体上调整交易行为的思路也并不相同。若尝试提炼其中可能的关键词,似乎也是围绕“信息”,通过对经营者信息披露义务的强调,保护消费者权利。若在思维层面进一步抽象的话,似可将对经营者“欺诈”行为的调整作为逻辑主线。

而对于上述国家而言,其涉及消费者主体的合同似乎所谓刻意强调“消费者”的意念并不显豁,而是在不同合同之中,贯穿一些基于其法律整体或自身的特征,从而实现一种消费者合同意义上的公平。换言之,合同关系层面仍然秉持私法自治与合同自治,消费者层面并未刻意强调,但因为有一个主线存在,进而有一定的理念贯穿,但这种贯穿并不刻意,也并不激进。

对于中国而言,中国合同法采民商合一的立法模式,包括民事合同和商事合同,一般认为消费者合同包含于民事合同之中。涉及消费者合同的规范主要分布于《合同法》《消费者权益保护法》《保险法》以及相关司法解释等,从而构建一种可能的消费者合同的法律规范“体系”,但此种体系更多基于人们的主观诠释。人们似乎总有一种根深蒂固的观念,即如欲重视某主体、行为或事件,就要在制定法层面体现出一种形式上的“刻意”特别对待。中国消费者法因产生较晚,无论是历史必然还是偶然为之,在形式上都走到了特别法这一表现形式。但能否说明中国在法律层面尤其重视此问题? 似不能立即下结论。而在合同问题上,又有学者认为应当制定统一且具体的消费者合同或者格式条款规制法,因为目前的法律条文过于抽象,且存在个别条文之间相互冲突的现象。[1] 而也有学者认为,合同一方当事人为消费者或劳动者的,必须优先保护消费者或劳动者的利益,从而对相对方即生产者或者销售者的合同自由进行了一定程度的限制。为此,有观点认为无须制定关于消费者合同的特别法。[2] 关于消费者合同的问题,主要适用《合同法》及《消费者权益保护法》的规定。[3] 可见,中国是否制定特别的消费者合同法又存在一定分歧。本书虽然专章研究消费者合同,但并不赞同制定消费者合同特别法之观念,对于何谓"体系化",将在之后讨论。

从中国消费者合同法律实践来看,与合同法律实践相似,由于规范庞杂,所涉规则较多,因此并没有体现太过集中的不尽如人意之处。如前述指导案例 67 号中,法院反而是在一定程度上强调《合同法》第 167 条普遍适用于消费者意义上的分期付款买卖合同的解除。然而,中国的实践问题可能更多来自社会与经济发展过程中可能出现的新问题的应对,如对消费者权利的限制、歧视,更多的是一种实质意义上的解释。在格式合同层面,更多地可能更加强调订入控制与行政规制。故此,中国消费者合同的问题,尽管被固定于"合同"这一形式中,但可能并非完全依靠合同就能解决。本书的消费者合同体系化更多着力于在观念上、认知上或诠释意义上的"体系化"。

---

〔1〕 崔吉子:《消费者合同法的私法化趋势与我国的立法模式》,载《华东政法大学学报》2013 年第 2 期。

〔2〕 梁慧星:《为中国民法典而斗争》,法律出版社 2002 年版,第 211 ~ 212 页;金福海:《消费者法论》,北京大学出版社 2005 年版,第 160 页。

〔3〕 梁慧星:《中国的消费者政策和消费者立法》,载《法学》2000 年第 5 期。

二、何为体系化？

所谓体系，根据《新华字典》之解，系若干有关事物或思想意识互相联系而构成的一个整体。所谓体系化，相较于体系，其更体现出一种动态过程，即如何将可能构成“体系”的诸多要素、内容等“化之”，此种体系化并非法学所独有，在社会科学领域诸多事物与问题之上，均会基于一种逻辑关系或思维方式而将相对分散或并不在同一系统之内的事物或问题建立一种联系，此种联系是有机的、系统的。但是，方法论意义上的体系化应当如何推进？这可能首先就是一个需要阐明的问题。

是否所有的事物或问题都追求体系化？这个问题可能是一个很难回答的问题。任何事物实现体系化都是一种理想化的追求。什么是“体系化”？“体系化”有没有客观标准？这首先就是一个值得讨论的问题。事物体系化的前提是关涉该事物的所有术语、概念都是统一的，或者是具有共识的，由于客观需要，将其进行体系化构造具有一定必要性。对于民法学界，近年来比较具有共识并且频繁运用的即是威尔伯格的动态系统论（也经常被称为动态体系论）。

动态系统论是由威尔伯格[1]在比较法的基础之上创立的。

---

〔1〕 Wilburg, Die Entwicklung eines beweglichen Systems im bürgerlichen Recht (1950); idem, Zusammenspiel der Kräfte im Aufbau des Schuldrechts AcP 163 (1964) 346 ff. 转引自[奥]海尔穆特·库齐奥：《动态系统论导论》，张玉东译，载《甘肃政法学院学报》2013年第4期。

威尔伯格做了一些最基本的观察:[1]首先,他发现在庞大的法律制度中,其内在的独立价值和所要实现的目的具有多元性。因此,对于法律的理解和阐释不应仅依据某个单一的理念。然而,这并不意味着在判决的过程中要对那些不计其数的甚至不可预知的观点均给予平等的考虑。反之,需要根据案件的具体情况和内在于某法律领域的原则之间的相互作用情况予以考虑,即需要对各个因素进行综合考量。威尔伯格将这些独立的基本价值称为"因素"或"力量";我们也可将其称为"要素"或"形成系统的原则"。[2] 威尔伯格原则的多元性和自主性,使其理论明显区别于那些仅依据单一理念而解释和适用法律的理论。后者往往通过虚构扩张某些基本的价值或目的而贬低其他的价值和目的,以实现对某些基本价值的过分强调,尽管其他价值也在独立地发挥作用。因此,威尔伯格反对对侵权法基于某一排他性原则而进行单因解释,如过错。威尔伯格的这种观点在今天已经被广为接受。[3] 即便是动态系统论的提倡者,其也认为该理论"既不是一个真正的创新,也不是一个独立的理论,其仅仅表述了这样一个事实:所有设立失当行为的规则和所有关于特定行为的法律后果

---

〔1〕 F. Bydlinski, A "Flexible System" Approach for Contract Law, in Hausmaninger/Koziol/Rabello/Gilead(eds.), Debelopment in Austrian and Israeli Law(1999) 10. 转引自[奥]海尔穆特·库齐奥:《动态系统论导论》,张玉东译,载《甘肃政法学院学报》2013 年第 4 期。

〔2〕 F. Bydlinski, Die Suche nach der Mitte als Daueraufgabe der Privatrechtswissenschaft, AcP 204(2004) 329 ff, Die Elemente des beweglichern Systems: Beschaffenheit, Verwendung und Ermittlung, in Schilcher/Koller/Funk(eds.), Prinzipien und Elemente im System des Rechts(2000) 9 ff. 转引自[奥]海尔穆特·库齐奥:《动态系统论导论》,张玉东译,载《甘肃政法学院学报》2013 年第 4 期。

〔3〕 [奥]海尔穆特·库齐奥:《动态系统论导论》,张玉东译,载《甘肃政法学院学报》2013 年第 4 期。

的规定,都要求对相互冲突的利益予以权衡”。[1] 换言之,“对一方利益的过度保护就会更多地限制他方的行为自由。如果涉及一个固定的规则是不可能的,如果立法者规避这一困难并留空间于自由裁量权,那么,法官和其他所有的法律人必须一次又一次地对冲突的利益进行权衡”。[2] 国内对动态系统论的接受程度较高,大多集中于侵权法领域。同时,近年来亦有批判之声,如有学者认为动态体系论是有关法解释或者立法的方法,而不是法律行为的解释方法。因此,针对法律行为的解释没有适用动态体系论的余地,如主张将继续型合同与动态体系论关联在一起,可能就是一定误认。[3] 价值是否可以随时介入,价值也应进行区隔。当该价值在立法之时可以选择是否进入法律规则之中,在适用规则之时则需要按照法律规则,而不能再动辄以适用相应价值为由而适用相关规则。

结合体系论的相关基础理论,中国消费者法的体系化大致可分为两种路径或方式:

一种体系化方式是实定法意义上的规则统合,即《合同法》《消费者权益保护法》《保险法》等相关法律条文之间所形成的规则体系。这些规则构成一种形式上的“1 + n”,它们之间形成了一定的关联与解释路径。这可能也姑且算作一种外部体系,即规则的体系化。从目前形式来看,《合同法》《消费者权益保护法》《保

---

〔1〕 [奥]海尔穆特·库齐奥:《动态系统论导论》,张玉东译,载《甘肃政法学院学报》2013 年第 4 期。

〔2〕 [奥]海尔穆特·库齐奥:《动态系统论导论》,张玉东译,载《甘肃政法学院学报》2013 年第 4 期。

〔3〕 解亘、班天可:《被误解和被高估的动态体系论》,载《法学研究》2017 年第 2 期。

险法》中的格式条款相关规则内容,《合同法》中的分期付款买卖合同、借款合同,《消费者权益保护法》《电子商务法》等规则内容,这些条款在客观上形成一种规则体系,此种体系更多的是一种描述意义上的客观呈现。

另一种体系化方式可能是一种背后的价值、要素、规范之间所构成的内在关联和解释力。此种规则体系化所追求的是释法与适法皆清晰、明确与减轻思维负担,而非追求一种表面形式意义上的"大而全"。如格式条款的解释,涉及保险法的,必然是合同法、保险法等相关规则共同运用;涉及消费者网购的,必然是合同法、消费者权益保护法、电子商务法等相关条款的运用。同时,对于一些可能新出现的具有挑战性的问题,如"大数据杀熟""歧视性定价",就要综合运用消费法律关系之公平理念、消费者法律规则、消费者合同的行政规制等多种方法应对。

实际上,世界各国和地区都在致力于追求消费者合同体系化。例如在德国法中,由于过于强调消费者法的政策性,德国法应欧盟指令要求而不断扩充,在某种程度上甚至是一种"侵入式"扩充,在近二十年间给德国法的自治性带来一定冲击与挑战。合同或契约自是当事人之间的意思自治体现,而法律过多干预规则设定甚至越俎代庖地为当事人"谋划",可能并不能较为妥当地体现当事人意志,反而会人为制造较多冲突,此种冲突又因不同地域或不同法类型而有所不同。

消费者合同规则多规定在买卖合同章中,包括分期付款买卖,消费者合同类型基本大同小异,但将其置于何种部门或亚部门法律体系中,则各国和各地区均存在一定差异。我国台湾地区"消费者合同法"对邮购买卖、访问买卖、分期付款买卖设有特别规则。

可见，世界范围内的国家和地区都在追求一种消费者法领域内的体系化，此种体系化会涉及消费者权利、经营者义务和消费者合同等诸方面。消费者合同的体系化作为其中一个问题，既有客观上体系化的必要，又有主观上探讨的必要。

三、民法典编纂语境下的消费者合同体系化

从概念和语词角度而言，"消费者合同"实际上是一种概括说法，如上文所分析，学术界对与消费者相关合同的分析主要集中在格式合同理论上。任何制度或规则的体系化均有其目标，但这种目标可能是理想化，甚至是超验的。体系化的基础与前提可能既包括对一些理想假设条件的设定，也包括对以经验为依据的，按照事物的实际面目来表现可知的事实，并以此作为问题讨论的基础与前提。如果关于任一具体事物的概念是思维分类、组织和抽象的产物，那么这些思维过程便会导致综合（适用），[1]因为它们在普遍条件和关系中重构特殊事物，并因此超越特殊事物的直接现象而进入它的实在。[2]

消费者法一直以特别法的形象出现，因此无论是理论构造还是司法实践都倾向于直接考虑消费者法的适用，而忽略合同法总则以及分则。诚如邱聪智先生所言，"脱民法化，因为债法之发展

---

〔1〕［美］赫伯特·马尔库塞:《单向度的人——发达工业社会意识形态研究》，刘继译，上海世纪出版集团2008年版，第85页。此处"那么这些思维过程便会导致综合"，该译文比较机械和不清楚，可理解为"那么这些思维过程便会被综合（运用）"。——笔者注

〔2〕［美］赫伯特·马尔库塞:《单向度的人——发达工业社会意识形态研究》，刘继译，上海世纪出版集团2008年版，第85页。

趋势，惟其于各种之债之表征，似较债之通则显著。其结果不仅民事特别法上，契约类型时而可见，债法秩序领域上，无名契约类型更是到处充斥，不断推陈出新。如未趋近此等契约类群，难谓业已把握契约各论全貌”。[1] 因此体系化研究非常重要，一是能够尽可能地掌握合同法规则的基本原理；二是能减轻思维负担，实现法律适用上的合理与预期。

从中国民法典编纂的立法总体思想与目前进展来看，消费者法基本上不可能进入民法典体系，消费者合同也不可能在合同编占有一席之地。易言之，就消费者合同规范来看，总体上不会有太大与太多的变化。因此，从图 3－1 可见，在规范层面，消费合同大致包括三个大方面，即总则、分则与消费者法（也可能涉及其他法律规则，如保险法等）。

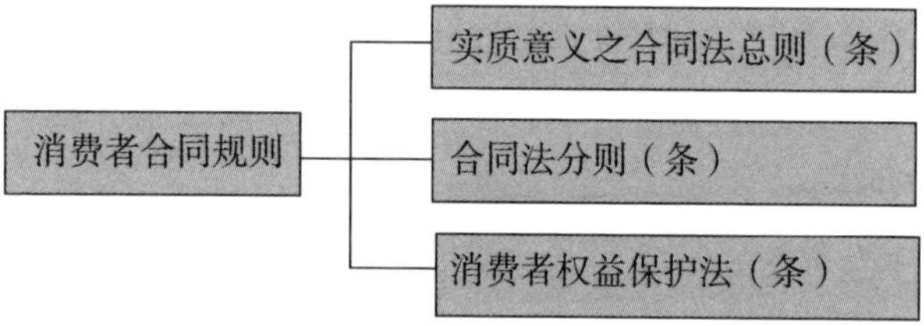

图 3－1　消费者合同规则

此几种规则分别有不同的基础，可能呈现出一种复合性，学界已将此种以复合性为基础的冲突理解为是合同自由与政策管控之间的矛盾或博弈，但细究合同法中的消费者合同与消费者法体系，可知此种博弈仅为一个方面，而并非全部，事实上，消费者法仅是政策法这一认识实际上是过于武断的，无疑会阻碍人们对

---

〔1〕 邱聪智：《新订债法各论》（上），姚志明校订，中国人民大学出版社 2006 年版，新订版小序。

消费者法的认识。换言之,人们通常是从合同性加上消费者特征这一单向度考察消费者合同,而忽略了消费者法在各国发展脉络之差异,过于程式化与模型化地进行消费者合同塑造,使适用中出现诸多问题,因此,必须根据一国法律实践来反思文本构建,实属必要。

综上所述,在民法典编纂的大背景下,既要着力于对格式条款的订入控制、内容控制与行政控制等多方面着力点的关注,同时对惩罚性赔偿中可能涉及的"欺诈"情形,应尽可能通过合同法进行较为周延地适用,对于网络、电视、电话、邮购合同、消费信贷合同以及分期付款买卖合同等具有消费者保护意义上的合同,尽管事实上并未僵化局限于消费者主体,同时仍可探寻适用边界,并对相应法定解除权等进行体系化建构。

第四章　法律概念的误读：以“金融消费者”为例

金融消费者概念[1]近年来在中国讨论日盛，初衷旨在以法律上的“消费者”的主体发展哲学和理念型塑金融领域中的自然人服务接受者，实现此类自然人的法律人格具象化和地位转换。从学术研究与实践来看，学术界将“金融消费者”这一概念引入、诠释和探讨法律技术设计等推向高潮，实务界也出台了政策文件并推动实践保护金融领域消费者，但事实上，二者并不匹配甚至形同实异。学界以英美金融领域消费者概念的出现以及大陆法系“自然人—消费者”理论为基本依据，论述中国应创设金融消费者概念及其制度体系，此种概念创设与体系构建似有一定依据和来源，但却在相当程度上忽

---

[1] 关于金融消费者主体界定的研究成果较多，通过对“中国知网”数据库的检索，截至 2017 年 4 月，以“金融消费者”为“篇名”的文章超过 2000 篇。

视了中国消费者法自身的理论脉络和制定法体系。实务界亦主张以实践为导向构建金融领域消费者保护制度,但此种制度构建却因经济与社会发展规律之“固有性”而缺乏实质推动力。因此,无论是学术界自身体系之内,还是社会实践自身体系之内以及学术界与社会实践之间,在“金融消费者”概念及制度上都呈现不同程度的无法协调甚至相互抵牾。为何会出现此种现象?到底是学术理论创新自身不够科学与实用,还是实践对理论的接纳与协调机制出现了问题?对此,本书拟从理论与实践两个坐标系对“金融消费者”这一概念的创设进行考察,通过对消费者法体系、金融领域消费者所处理论象限、制定法的态度以及司法实践等内容的分析,探讨学术研究系统的自我完善机制以及理论与实践之间的关系。

第一节　学术研究与政策文件的貌合神离

对金融消费者概念的界定首先应当从消费者概念溯源。何为消费者?直观上判断,只要是参与到市场关系中,依据市场交换规则从事消费行为的主体均可谓消费者。在法学场域内,消费者是一个隶属于民法自然人主体脉系的特定概念,基于消费行为的“特定行为逻辑”与经营者与消费者实力不均衡的“社会场境”而被赋予特殊身份和地位。以大陆法系法律人格理论为基础,消费者主体理论也在此理论脉络上延伸与发展。星野英一先生关于私法主体的研究传入中国,对中国学术研究影响颇大,星野英一的研究思路是“人”—“人格”(自然法)—“法律人格”,星野英一也认为,以消费者为代表的民事主体的出现,使民法的理念出现了一定转向,被认为“强”而“智”的自然人具象化为“弱”而“愚”的消费者。[1] 金融消费者的理论与制度构造以消费者理论为基础,系消费者理论在金融领域的具象化。

一、“金融消费者”法学学术研究概况

从英美法系和大陆法系国家的理论与法律文本来看,事实上并不存在“金融消费者”这一概念,即便是在世界范围内被奉为在金融领域保护消费者典范的英国《金融服务与市场法》(Financial Services and Markets Act 2000)和美国《多德—弗兰克华尔街改革和消费者金融保护法案》(Dodd-Frank Wall Street Reform and Consumer Financial Protection Act 2010)之中,也并未见“金融消费者”[2]的定义,唯一出现“金融消费者”(financial consumer)这一用法的是在国际经济合作组织(OECD)2011 年 10 月通过的《二十国集团金融消费者保护高层原则》(G20 High-level Principles on Financial Consumer Protection)[3]之中。再考察大陆法系国家的法律文本,事实上也不存在“金融消费者”这样一种特定概念。确切地说,“金融消费者”并未出现在正式的法律文件或法律规则之中,实际上其是在金融实践中形成的一种笼统或概括称谓,称其为“概念”也比较牵强。

---

〔1〕 [日]星野英一:《私法中的人》,中国法制出版社 2004 年版,第 39~52 页。

〔2〕 英美国家在正式的法案中更多地表达为“consumer financial protection”,即消费者的金融(领域)保护。

〔3〕 该原则并非正式的法案或者法律规则,而是一种倡导性的法律文件。

（一）学术成果量化分析

尽管“金融消费者”概念的科学性和来源可能会受到一定质疑，但这并不影响对金融领域的消费者或个体的研究，反而金融消费者成为近年来一个重要的学术增长点，主要以2008年国际金融危机为时间上的“分水岭”。根据对中国知网期刊文章数据库的检索，本书分别统计了以“金融消费者”为“关键词”和“主题”的研究成果，并生成发文数量统计曲线图和关键词共现网络聚类分析图（见图4－1、图4－2、图4－3、图4－4）。[1] 发文数量统计曲线图意在呈现学术界对“金融消费者”概念及问题讨论的数量与规模，这也在一定程度上反映出学术界对此问题的追逐热度；关键词共现网络聚类分析图则比较直观地呈现与“金融消费者”相关的学术研究热点问题，能够反映出现有学术成果更多关注哪些问题以及“问题”与“问题”的关系。据此，这两类图表能够为下文反思与讨论金融领域消费者的理论体系与实践体系提供一种客观研究基础与起点。再者，对在先研究成果的总结或许能够在一定程度上促成本书意欲实现的学术研究意义上的延展性或推进性。

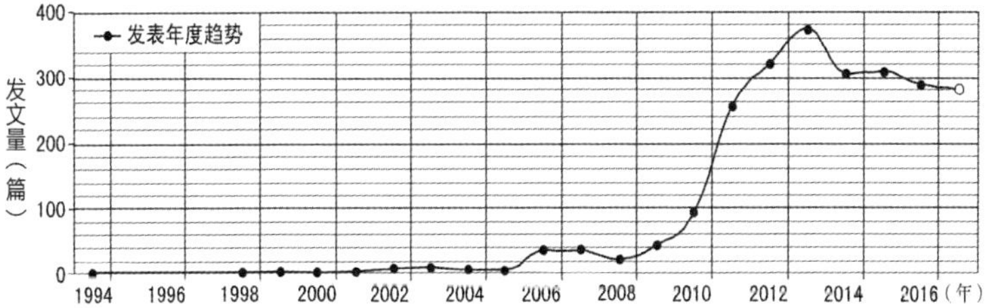

图4－1　1994～2016年“关键词”为“金融消费者”的发文数量

〔1〕本书图4－1、图4－2、图4－3、图4－4均由中国知网计量可视化分析生成，数据检索与分析图生成日期均为2017年1月15日。

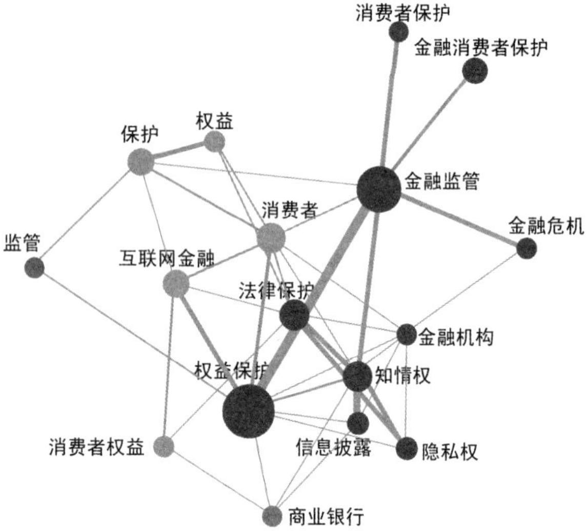

图 4－2　1994～2016 年“关键词”为“金融消费者”的关键词共现网络聚类分析

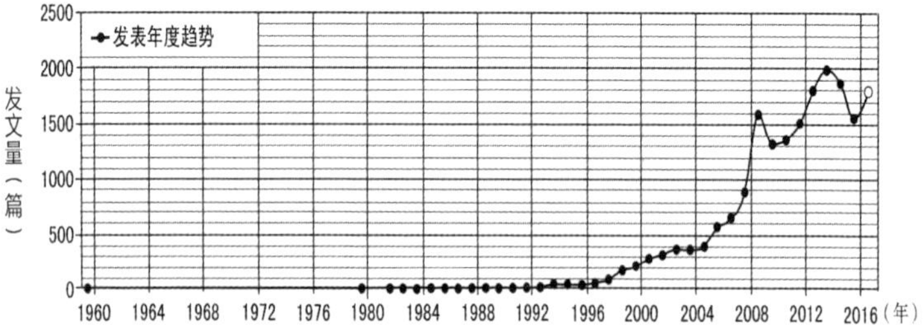

图 4－3　1960～2016 年“主题”为“金融消费者”的发文数量

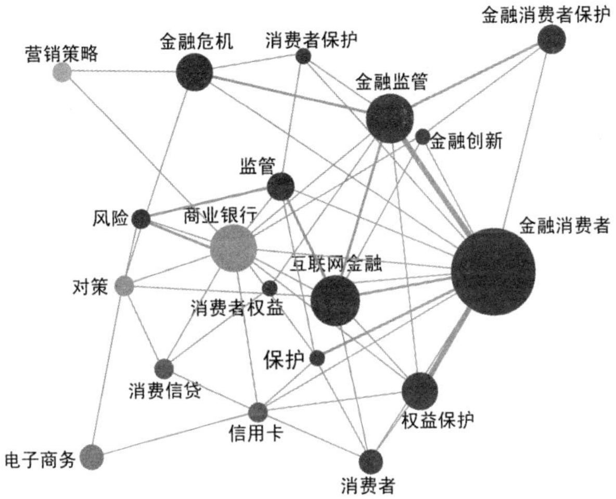

图4－4 1960～2016年"主题"为"金融消费者"的关键词共现网络聚类分析

根据以上统计,以期刊论文为代表的学术界对金融消费者的研究在2009～2014年达至高峰期;从司法案例的搜索来看,以"金融消费者"为关键词的搜索,至少在北大法宝的司法案例数据库中并无一例,只能以传统的银行、保险、证券等相关领域以及特定主体称谓才能搜索出相关案例。

(二)理论分析范式

根据对上述"关键词"为"金融消费者"的2100余篇文章内容进行总结,从"金融消费者"概念与"消费者"概念构成层次与结构来看,可进行相应概念解构(见表4－1)。

表4－1 “消费者”与“金融消费者”概念解构

结构层次＼主体	消费者	金融消费者
第一层次:主体类型	自然人	自然人
第二层次:行为目的	为生活	为生活
第三层次:适用领域	全领域	金融领域
第四层次:权利内容	制定法中规定的各项权利(九大权利、个人信息权以及典型的3倍赔偿请求权等)	制定法中的相关权利在金融领域之中的具象化(主要是九大权利以及个人信息权)

基于上述对消费者与金融消费者概念结构层次的分析,可见金融消费者基本上属于消费者的子概念,是消费者法在金融领域的适用与具象化。学术界意在塑造什么样的“金融消费者”理论?从目前已有学术成果来看,大致上可总结为三种理论:[1]

第一,主体(身份)转变论。此论基本是以2008年国际金融危机之后英美国家金融法的最新发展为依据,强调在金融交易日益复杂的背景下,将金融机构的交易相对人在法律上确认为金融消费者,实现一种身份转换,即法律对消费者的保护必然比普通的自然人主体或投资者(或其他金融领域专业参与人)的保护更为有力。但是,此论所依托的学术理论来源范式或论证模型却基本上是大陆法系的消费者法,主要遵循消费者从一般民事主体析出或分离的理论证成思路,以力证金融领域的主体身份转变。

第二,立法缺失论。此论主张(当时现行消费者法)的制定法

〔1〕因“金融消费者”相关研究成果甚多,本书也无法一一列举,选取所谓具有代表性的作品似乎也比较主观,因此本书并没有详细列举,研究的成果范围仍然与前述图表总结的范围相同。

未能涵盖金融领域,即便消费者法可以适用于金融领域,但由于金融领域的特殊性,此种一般法的适用对金融领域消费者的保护仍显不足,尤其是从英美国家通过专门立法实现对金融领域消费者保护的经验来看,我国宜创设金融消费者概念并构建相关法律制度。

第三,政策响应(突破)论。此论主张在学术界讨论金融消费者理论的同时,以金融监管部门为代表的实务界也意识到金融消费者保护的重要性,并积极以行业管理办法等形式确认“金融消费者”这一概念,并制定相关规则,这在金融领域的消费者保护上是一种突破性立法,监管机构通过加强对金融机构的约束,以实现对金融消费者的保护。

就上述观点而言,其中第一种、第二种观点意在从学术理论角度发现与强调金融消费者的特殊性,创设特定概念(身份)与特别规则,成为学术界所倡导的主流或共识观点。

二、政策文件中关于“金融消费者”的规定

学术界对“金融消费者”这一概念及其意义的研究如火如荼,但并没有直接证据表明政策文件中的“金融消费者”概念的引入与使用是受学术界影响,从学术界与金融监管机构颁布政策文件的大致情况来看,二者在时间上大致同步。

在监管实践中,首次使用“金融消费者”概念的是原银监会于2006年12月颁布的《商业银行金融创新指引》,原银监会于2012年发布了《中国银监会银行业消费者权益保护工作规划纲要(2012—2015)》,2013年发布了《银行业消费者权益保护工作指引》,国务院办公厅于2015年11月颁布了《国务院办公厅关于加

强金融消费者权益保护工作的指导意见》等(见表4-2)。这些法律规范并非成文法国家真正意义上的法律文本,但我国金融业监管近些年已形成了规范性文件先行的治理特点,故此类规范性文件往往在实践中具有重要地位并发挥重要作用。自2011年开始,"金融三会"内部陆续成立了专门的消费者保护机构,原保监会成立了保险消费者权益保护局,证监会成立了证券投资者保护局,原银监会成立了银行业消费者权益保护局。从时间上可以判断,学术界对金融消费者的研究以及官方对消费者保护的政策与实施几乎是处于同一时期的,可以推测的是,社会事实中对金融领域消费者保护的需求是存在的,因此学术界与官方都予以一定回应。

表4-2　与"金融消费者"相关的行业管理文件

文件名称	行业	发布时间	"金融消费者"表述	内容侧重
《商业银行金融创新指引》	银行业	2006年12月11日	共出现2次	银行运行机制、客户利益保护、风险管理、监督管理等
《关于做好保险消费者权益保护工作的通知》(保监发〔2012〕9号)	保险业	2012年1月17日	无	建立完善保险消费者权益保护工作制度和体制,加大信息披露,保障保险消费者的知悉真情权,投诉渠道,调处机制等
《中国银监会关于完善银行业金融机构客户投诉处理机制切实做好金融消费者保护工作的通知》(银监发〔2012〕年13号)	银行业	2012年3月23日	共出现16次	从金融消费者保护观念、投诉等方面进行了原则性规定。第8条规定:"银行业金融机构给金融消费者造成损失的,应根据有关法律规定或合同约定向金融消费者进行赔偿或补偿"

续表

文件名称	行业	发布时间	"金融消费者"表述	内容侧重
《中国人民银行金融消费权益保护工作管理办法（试行）》（银办发〔2013〕107号）	银行业	2013年5月8日	共出现46次	金融消费者定义，金融消费者投诉的受理与处理，监督管理，金融消费者教育等
《银行业消费者权益保护工作指引》（银监发〔2013〕38号）	银行业	2013年8月30日	无	银行业消费者定义，尊重银行业消费者的知悉真情权、自主选择权、公平交易权、个人金融信息安全权等，银行业金融机构行为准则，制度保障、监督管理等
《中国保监会关于加强保险消费者权益保护工作的意见》（保监发〔2014〕89号）	保险业	2014年11月14日	无	强化保险公司主体责任，严厉查处损害消费者合法权益的行为，完善以投诉、纠纷调处机制为核心的消费者维权机制，开展消费者教育和风险提示、风险披露
《国务院办公厅关于加强金融消费者权益保护工作的指导意见》（国办发〔2015〕81号）	各金融领域	2015年11月4日	共出现76次	建立金融消费者适当性制度、保障金融消费者财产安全权、知悉真情权、自主选择权、公平交易权、求偿权（投诉为主）、受教育权、受尊重权、信息安全权等，完善监督管理机制和保障机制
《中国人民银行金融消费者权益保护实施办法》（银发〔2016〕314号）	银行业	2016年12月14日	共出现107次	金融消费者定义，金融机构行为规范，个人金融信息保护，投诉受理与处理（向金融机构投诉），监督与管理机制等

从上述文件来看,近年来金融行业监管部门对金融领域的消费者保护比较重视,“金融消费者”这一表述在上述代表性政策文件中的出现频次也呈渐增趋势,“金融消费者”表述字样最多的共出现 107 次。但细究文件内容,若从“权利—义务”“义务—责任”“权利—救济”等这些最基本的法律范畴来看,似乎这些文件难以进入消费者保护的法律规则系统或制定法体系之中,无论在性质还是内容上它们都与真正意义上的消费者保护法相去甚远,将其归入消费者法体系也显得不伦不类。

首先,上述政策性文件体现出较为明显的行业管理文件特征,这些文件主要规定金融机构应如何加强自身约束从而保护消费者,从表达上看,基本上属于倡导性、自律性要求。那么,如若不颁行这些以“保护金融消费者”为名的文件,金融机构是否就无须履行这些义务?毫无疑问,回到制定法层面,金融机构作为金融服务提供者,理应依据相关法律履行相应义务,而政策文件的作用应当是进一步落实或加强这些义务,而非仅仅重申或强调这些被适用于具体领域或者被情境化的义务。细究文件的文字表达,这些文件中规定的对金融机构的约束并非法律规则中的“义务”,缺乏强制力,更多的是一种政策文件意义上的“软约束”,因而缺少“义务—责任”这一核心内容。

其次,上述政策性文件中,有的规定和强调了消费者保护的原则和内容,有的还具体列举了金融消费者的具体权利,但这些权利基本上是《消费者权益保护法》中所列举的消费者权利在金融领域的具体化,几无任何新的突破。有权利必有救济,但是在这些文件中却几乎难觅”权利—救济”要素,在《中国银监会关于完善银行业金融机构客户投诉处理机制切实做好金融消费者保护工作的通知》中，其第8条规定，“银行业金融机构给金融消费者造成损失的，应根据有关法律规定或合同约定向金融消费者进行赔偿或补偿”。也就是说，即便规定了金融消费者这一特定主体，也并无特别规则予以保护，在消费者权利受到侵害之时，其依据仍然是相关制定法或者交易双方的合同，因此这些规范性法律文件的性质显而易见，其更多的只能是一些原则性规定或者是“软约束”。

三、学术研究与政策文件之间的殊异

从上述学术研究与政策文件来看，“金融消费者”尽管在文字表达上相同，但是细究该概念在学术与政策两个领域中的表达，二者实则内涵迥异。

理论研究意在塑造一个什么样的金融消费者？理论界意欲通过消费者法理论在观念和身份上确证金融消费者，从而实现一种较为理想化的、相对模型化的金融消费者主体。在研究的方法上，目前的研究试图通过一种“增量式”研究，通过创设新主体与构建新的法律制度，依托“概念化”中介，在立法上确认金融消费者、部门文件等行业政策中回应规定金融消费者，从而实现学术之目的，理论研究之任务即告罄。但毫无疑问，理论研究意在进行一种以金融消费者“保护”为进路的研究。

政策文件又塑造了一个什么样的金融消费者？从目前金融监管机构已颁布的文件内容来看，这些文件并非正面直接构建金融消费者保护制度，而是监管特征明显，以对金融机构的“约束”为进路，进而实现金融消费者保护。但颇为重要的是，由于文件对金融机构的约束缺乏强制力，这些文件的作用和力量也因“形强实弱”而有所消解。

可见,尽管是同样的“金融消费者”的表达,学术研究与政策文件中的内容与意义却完全不同,如果说学术界还在尝试走一条“突进型”进路,政策文件则只能是一种“保守型”的路线。基于对现有研究与政策文件的梳理,可以发现二者确系形同实异、貌合神离,但恰恰是这种殊异与距离也引出一些基本问题与诘问:

第一,在理论上创设新主体和新的法律制度是否能解决新问题?既有理论是否真的供给不足,从而需要构建新理论?换言之,这种理论预设自身是否需要检讨?

第二,发现社会现象与上升为法律规则到底有多远的距离?理论系统的自我更新、制定法的体系化解释与社会现象的变动不居之间到底形成何种关系?

第三,从比较法的方法论意义上而言,学术界对域外制度引进或借鉴之时是否存在一定的“理论错配”,从而导致产生一定的误认?

第二节　理论与实践双重坐标检验

无论是主体转变论、立法缺失论还是实践响应论,他们基本上都认为现有法律制度在一定程度上供给不足,因此有必要创设有关“金融消费者”这一法律主体概念以及新的法律制度。这种“增量研究”思路未尝不可,但如果此种研究未经理论系统和实践体系检验,可能其科学性就会受到质疑。因此,本书尝试从理论与实践两个坐标系检验这一概念及其理论产生的必要性。

一、理论坐标系

（一）理论检验前提与基础

从理论坐标系考察，法学理论谱系和规则生成机制自成一统，立法论与解释论[1]在法律规则创制的过程中角色不同，交相互动。一般而言，解释论意在为法律的解释适用及相关问题探寻出一套大致可循的章法，并以此来确保法律的适用具有统一性和可预测性，[2]只有在运用甚至穷尽解释论之后而仍无法解决当下问题之时，立法论才会粉墨登场，法律规则创制才成为必要。回到金融消费者这一概念，如欲创设这一概念及其理论，首先就要直面一个问题：现行制定法通过适用解释论，是否无法解决金融领域消费者保护的问题，因而必须创设特定概念和规则来予以规制？如若是，创设这一概念就非常必要；如若否，之后的一系列理论研究可能就不具显著意义。

解释的起点是什么或者说应从哪一概念起点进行解释，这成为一个前提性问题。金融消费者概念在学术研究中成为“消费者法”和“金融业或金融法”所争夺的对象。换言之，到底是应当在金融领域讨论金融消费者的产生，还是应当在消费者法的领域讨

---

〔1〕 随着2011年中国特色社会主义法律体系宣告形成，各法学学科尤其是民法、商法等学科的研究出现了从立法论到解释论的转向。具有代表性的研究成果参见陈甦：《体系前研究到体系后研究的范式转型》，载《法学研究》2011年第5期。但是，目前无论从法理学而言，还是从部门法学而言，尚无专门论述立法论与解释论的研究。研究范式转型这个问题在转型时期中国表现得更明显些。实际上，法律教义学包括四个层次，其中两个层次就是解读或评注法律的教义学与法律修改导向的教义学，本书试图在金融消费者概念的理论方面分析方面区分适用这两种教义学，并达至一种科学性。

〔2〕 韩世远：《民法的解释论与方法论》，载《人民法院报》2005年5月18日。

论金融消费者的产生,或者二者系同一问题,这本身就是一个需要思考的问题。有不少研究成果[1]从金融业特殊性的角度讨论金融消费者,但并未过多论及金融消费者的权利,即便论及,也多是在现行消费者保护法制定法的框架内增加了“金融元素”,是一种“1 + 1 = 2”的推演方式。而法学界讨论金融消费者的权利与规则构建,则基本上都是以消费者法的范式或框架进行讨论。既然这个前提确定,就说明此种讨论殊途同归,可以集中于消费者法这一问题之上。

(二)制定法的基本态度

本书第一节探讨了金融消费者的学术研究成果以及政策文件,但一直没有提及一个重要问题——制定法。

尽管学术界对金融消费者讨论较为热烈,但近年来,国内《消费者权益保护法》等制定法的反应却稍显冷淡,无论从立法论角度还是从解释论角度,均无意将金融消费者特别化或者给予特殊对待。[2] 从目前制定法的体系与规则来看,涉及金融行业的消费者权益保护在《消费者权益保护法》第 18 条、第 28 条以及《消费者权益保护法实施条例(征求意见稿)》第 26 条[3]有所规定,包括银行的安全保障义务、金融机构的如实告知义务以及对金融服务行业经营者的特殊规范等,这些规定多是在传统的经营者义务

---

[1] 尤指金融学的很多研究成果,他们也讨论金融消费者及其权利。

[2] 实际上,在 2013 年《消费者权益保护法》修订之前,学术界已掀起一阵主张以特别法的形式规定各种类型消费者的热潮,包括但不限于金融消费者、远程销售服务消费者、预付卡消费者等。

[3] 《消费者权益保护法》第 18 条(经营者的安全保障义务)、第 28 条(经营者的信息如实告知义务)和《消费者权益保护法实施条例(征求意见稿)》第 26 条(对金融服务行业经营者的特殊规范)。

规则体系下列举,适用于银行等金融机构。

制定法与学术界观点大致存在以下分歧:第一,无论制定法是否明确规定,消费者法的理论与规则均可直接适用于传统金融服务业[1]的服务接受者;第二,投资者是否为消费者或者是否应当转变为消费者。

对于第一个问题,本书尝试从消费者权益保护法自身修订完善路径和制定法解释的基本原理中寻求答案。考酌 1993 年《消费者权益保护法》的立法用语,基本上是对消费者与经营者之权利义务设定一系列基础规则,仅列举了邮购以及预收款两项特殊情形。2013 年该法修订之时,所列举的行业增加了网络、电视、电话、证券、保险和银行等,金融行业从以前的未明确列举到修订时明确列举,形式上确实发生了变化,但此种形式上的变化是否意味着法律意义上的规则增加,仍不能急于下结论。换言之,行业列举是否为对金融行业适用消费者法的法定化。或者说,这种明确列举是否为对新行业设定新规则?对此,我们似乎可以从《消费者权益保护法》修改草案说明中找到答案。2013 年 4 月 28 日,第十二届全国人大常委会公布《消费者权益保护法修正案(草案)条文及草案说明》,其中指出该次法律修改旨在适应社会变化,规范新问题,明确指出意在规范网络购物等新型消费方式,并设置了 7 日无理由退货等特别条款。立法说明对新型消费方式的表达非常明确,并进行解释和说明,明确指向网络购物等方式,而对金融行业并未提及。结合上述提到的《消费者权益保护法》第 18

[1] 此种金融服务业系指存取款、非投资类金融业务等。

条、第28条,[1]可知修订该法之时对金融行业也并未设置特别规则。

如果我们尝试作一种反向推理,既然立法说明并未将金融领域视为新发展或新变化,这种列举可能并不意味着制定法的特别规制,而只是权利义务的具象化。而为什么要特别列举,目前并无直接或间接证据对此进行解释。但是有学者认为,修订前的《消费者权益保护法》不适用于金融行业,而修订列举之后该法才适用于金融行业,这种判断可能过于武断并且比较僵化,此种说法似乎很难成立。诚如德国著名哲学家伽达默尔所言,法律文本,无论是法典、法规,还是判例、习惯,一旦确定下来,在时间上就会滞后于变动不居的社会情境和具体事态,将这些文本机械适用于已经变化的社会情境和具体事态,无疑会产生削足适履之谬。然而,频繁修改法律文本,又会削弱法律的稳定性和权威性。因此,通过法律解释,[2]使法律文本的内容意义动态适应变化的社会情境和具体事态,便是法律发展的重要方式。换言之,法律永远处在不完善状态,因而追求完善的法律体系,是一种误区。

---

〔1〕《消费者权益保护法》第28条规定,"……提供证券、保险、银行等金融服务的经营者,应当向消费者提供经营地址、联系方式、商品或者服务的数量和质量、价款或者费用、履行期限和方式、安全注意事项和风险警示、售后服务、民事责任等信息"。很有意思的是,目前很多研究成果对此条的解释都认为该规定加强了金融产品信息披露义务,并且往往都是在讨论消费者与投资者、保险人等身份转换问题的时候以此进行论证。但细究该条规定所披露的内容,基于金融产品合同基本上均系格式合同的现实与商业习惯,这些内容都是合同中一些最为基本的内容,而且这些信息完全不足以判断金融风险,单纯从此条就断言投资者、保险人等金融交易主体转变为消费者,将会导致信息披露级别更高以及对金融交易主体保护更为有利,似乎过于武断。

〔2〕张志铭:《法律解释操作分析》,中国政法大学出版社1998年版,第16页;对法律解释概念的理解也具有多种角度与形式,参见张志铭:《法律解释操作分析》,第12~15页。

任何法律，无论多么完善、具体，在时间之维，都无法预见生活中可能发生的所有情况；在空间之维，都无法覆盖多种多样的事态。[1] 更可行的做法是，通过法律解释来弥补法律文本天生的不完备缺陷，从而使法律能够适用于所有社会情境和具体事态。[2] 由是观之，即便消费者法不进行修改，成文法实际上也可随社会发展、时代变迁并通过制定法解释，而对适用领域进行覆盖和增补。

另外，《实施条例（征求意见稿）》第 26 条将金融领域经营者义务囊括其中也是在探讨解释论意义上的实施问题，而并非意在将金融领域的消费者独立。[3] 因此，金融领域消费者并非是一种概念演绎，或者说它并不能成为一个概念，意图将金融消费者强制演绎成独立概念或规则体系可能会造成一种法律规则的“形式膨胀”，使当下法律文本体系不堪重负。在制定法及其实施条例层面，金融领域消费者理应在消费者法解释的射程之内，并无特殊。

（三）域外法学理论的借鉴是否存在偏差

1. 大陆法系与英美法系之差异

学术界探讨金融消费者产生的依据或路径之时，相对具有共识的或普遍的研究范式是套用或拣择大陆法系消费者法产生的理论，金融领域消费者的用法来源于英美法，进而推演至中国金融领域消费者的产生。

---

〔1〕 高鸿钧：《伽达默尔的解释学与中国法律解释》，载《政法论坛》2015 年第 2 期。

〔2〕 高鸿钧：《伽达默尔的解释学与中国法律解释》，载《政法论坛》2015 年第 2 期。

〔3〕 很多文献中所讨论的金融消费者到底包括哪些形式的主体，似乎范围与边界并不清晰，大多是金融业的全部金融服务提供者，通常文章对消费者的界定是极为笼统和概括的。

值得注意的是，由于消费者被定位于市场活动主体，因此学界基本认为消费者法理论共通，兹可直接借鉴，但在一定程度上却忽视了大陆法系与英美法系消费者法理论自身的固有特性。在大陆法系与英美法系之间，“消费者”概念以及经醇化的“法律人像”及其理性预设实则存在较大差异。易言之，两大法系对“人”的认识并不相同。英美法系国家预设消费者是拥有一定相关知识，并且在自身知识基础之上能够作出一定判断的主体，他们实际上认为消费者是聪明的；而德语系等国家却认为消费者并不需要拥有一定知识，法律保护这些可能缺乏理性的主体，也即星野英一先生所描绘的消费者“弱”而“愚”的人像。[1]

大陆法系与英美法系对私法的研究逻辑迥异，大陆法系的逻辑为抽象法律人格平等→（如若）具象法律人格不平等→法律规则校正；英美法系的逻辑为财产平等→（如若）不平等→诉讼制度校正。某种程度上而言，消费者制度亦遵循此推演和规范逻辑。大陆法系国家消费者主体的产生与完善，始终附着于民事主体这一“主脉络”，同时兼及合同规则的发展与补给，而在大陆法系国家确实基本上不存在“金融消费者”这样一个被特别强调的主体，对这个问题也几乎未曾有比较集中讨论的成果。因此，我们基本可以推断，大陆法系国家之所以不存在过多讨论，主要是因为金融消费者并非新概念，而是在消费者项下适用相关系列规则即可。在英美法国家，金融领域的消费者之所以被单独强调，主要

---

〔1〕 Bencsik, András, “The European Dimension of Consumer Protection”, *Studia Iuridica Auctoritate Universitatis Pecs* 152, 2014, p. 35. 该段原文为：盎格鲁—撒克逊国家会聚焦在敏感的、信息充分的消费者作出理性决定之时会基于其所享有的知识，然而德国语系国家则宁愿相信消费者会在各方面与经营者进行积极抗争（并不需要其享有一定知识）。

是美国的法律制度系由丰富的财产制度所支撑，更加关注的是金融业的发展，同时通过财产法规则以及行业管制规则对消费者进行保护，因此他们更强调的是“金融领域”的消费者。但无论法价值存在何种殊异，从法技术的角度而言，大陆法系与英美法系殊途同归，都是在消费者项下讨论金融消费者。

2. 大陆法系理论与制度的自我更新

尽管大陆法系消费者法备受推崇，但消费者法领域的理论也并非一成不变。20 世纪中叶经由私法成熟、法典化以及消费者运动而产生的大陆法系消费者法的理论与哲学已在过去几十年间发生了一定“质变”，概括而言，这些“质变”包括消费者“自我负责”的回复、债法理论的整合等，因此，如若当下讨论金融消费者的产生而再以消费者法几十年前从民法析出的单向度逻辑为依据，则势必会产生理论偏差。

实际上，消费者被认为是弱势主体的观念近年来也有所转变。例如，日本 1968 年《消费者保护基本法》于 2004 年修改为《消费者基本法》，此种变化的最重要之处在于不再将消费者作为弱势主体看待，而是“为了使消费者能够自主且合理地行动，将支援消费者的自立作为基本任务”（第 2 条第 1 款）。消费者政策从对消费者的保护转向支援消费者自立，从而发生了根本性的改变。因为 1968 年《消费者保护基本法》的立法观念在于消费者是行政保护对象，规定有关“维护及促进消费者利益”的国家、地方公共团体以及经营者的责任和义务，保护的结果则反射性地维护消费者的利益。[1] 实际上，这是对消费者“买者自负”的一种恢

〔1〕［日］井上匡子、［日］町村泰贵、［日］今井弘道、赵莉：《法哲学观点看日本消费者问题及立法之解决》，载《金陵法律评论》2007 年秋季卷。

复，并不完全认为消费者是“弱”而“愚”的“人像”。换言之，如此对消费者自身能力的要求就越高。延伸至金融消费者，可以说，在日新月异的金融领域，成为金融消费者本身就是有“门槛”的，正如欧美所建立的合格投资者制度或投资者适当性制度，如果一再强调“买者自负”原则的突破，可能并不一定有利于消费者的主体成长与发展。

二、实践坐标系

（一）社会事实与法律概念

从实践坐标系考察，实践或曰社会事实，[1]往往不在法律系统之中，社会、经济、政治与法律构成一个社会系统，因而其他领域的实践会引起法律主体概念的创设以及理论塑造。换言之，恰是因为存在这样一种社会事实，法律有必要进行回应。再来看金融消费者，持应创设金融消费者概念论者认为，金融领域存在消费者，因而法律必须予以回应，必须创制相应规则予以规制，他们实际上是在讨论一种经济与法律的互动。

对此可作两种假设和推理：第一，如果我们能回答上一个理论坐标系中的问题，解释论可以适用，就解决了法律文本中是否需要创设新制度与新概念的问题。第二，解释论可以解决教义学层面的问题，但实践中的问题仍需要再行探讨。对此，实际上可以转换为另一个问题——实践中到底是否需要此主体以及相应法律理论。换言之，即便实践中出现了相关主体表达，到底是一

---

〔1〕［法］E. 迪尔凯姆：《社会学方法的准则》，狄玉明译，商务印书馆 1995 年版，第 34 页。

种概括性的说法还是一种需要概念化或教义化的主体理论。

也许在学术界有一个相对普遍的“共识”,那就是大陆法系的消费者保护理念以及消费者法理论是相对完善甚至是完美的,一旦市场交易主体转变或者被确认为消费者身份,适用消费者保护的法律规则就能达到消费者保护之目的。它们似乎预设了一个前提,即一旦成为“消费者”,就直接将相关制度改造成倾斜于保护消费者的模式。诚然,消费者在法人制度产生、市场经济发展之后,其确实成为相对弱势的群体,但是在制度层面,消费者主体的产生和发展存在一些先决条件,无论是契约的改造、公权力的介入,都不应忽视与人的发展和社会发展密切相关的条件与基础,否则相应的路径依赖则会存在偏差,法律规范也难以实施,这一点也同样适用于金融消费者。

如果法律仅仅是对社会现象的一种简单反射或映射,就作出法律概念或理论上的变化,那么法律也就失去了其本来存在的价值与意义。正如黑格尔所言,“无论在认识或是在实践的行止上,不将真正的一般性或共相与单纯的共同之点混为一谈,实至关重要”。[1] 因此,辨别与区分应当上升为法律概念的社会事实与无须上升为法律概念的社会现象,实为重要。但是如何判断二者之间的界限以及何者能够经由法律概念的创设过程而上升为法律概念,黑格尔曾经提及,与抽象概念不同,我们不能任意形成具体的概念,[2]若将法律系统与社会事实系统进行连接,可上升为法

〔1〕 In der “Kleinen Logik” im Rahmen des “Systems der philosophie”, Sämmthliche Werke (Ausg. Glockner), Bd 8, S. 358f. (§163 Zusatz 1). 转引自[德]卡尔·拉伦茨:《法学方法论》,陈爱娥译,商务印书馆2015年版,第334页。

〔2〕 [德]卡尔·拉伦茨:《法学方法论》,陈爱娥译,商务印书馆2015年版,第334页。

律概念的社会事实必然是具有一般性的且现行法律系统无法适用的而必须创设的事实。因此,认清事实才可知概念创设是否具有必要性,这是一个基本前提。

(二)实践与理论之间关系的误认

1. 金融业发展≠金融消费者被概念化

学术界对金融领域消费者概念的阐释各有不同角度,笔者也并不否认此种尝试是学术界期望可以对实务界作出一定贡献。但不容忽视的是,学术界对金融领域消费者重要性的认识和期许可能与实践中的金融业发展、金融领域消费者的发展无法匹配。

近年来,中国金融业发展突飞猛进,银行、保险、证券、信托等行业的发展与数字都在呈几何式增长,但是这些发展更多的是机构和大型公司的发展,并不代表自然人投资者或金融服务接受者的发展。以证券市场为例,美国是以机构为主的证券交易市场,而中国是以散户为主的证券交易市场,从个体投资者保护的角度来看,由于数量、体量与素质差异,美国对投资者的保护相较中国对大批零散且欠缺金融知识的投资者保护更容易一些。而与金融业快速发展形成鲜明对比的是,金融领域消费者自身的发展却并不尽如人意。中国人民银行一项中国消费者金融素养调查报告显示,城镇消费者回答问题平均正确率为60.5%,农村消费者的平均正确率为47%。[1] 可见,自然人金融服务接受者自身素质与中国快速发展的金融业之间形成了鲜明对比。因此,从社会事实与法律规范之间关系的这种基础性命题角度来看,金融业发

〔1〕 金融时报:《消费者金融素养调查报告》,载和讯网:http://bank.hexun.com/2014-08-27/167914070.html,2016年10月25日最后访问。

展这一社会事实明显在先,金融消费者自身发展这一社会事实明显较为落后,几者发展并不在同一个水平线上,几者构成的张力可能要持续较长时间才能匹配,这也是金融领域消费者发展的现实“瓶颈”。

最为重要的是,从实践角度而言,金融各个领域已然形成各自特定主体概念及特定法律规范体系,如银行、保险、[1]证券和信托等各自的法律规范群。在讨论法律适用之时,除适用相关一般法规定之时,基本适用各自领域的特别法。在实践坐标系上,由于金融领域消费者已散落于各具体金融行业,其保护也在各金融领域制定法与消费者法之间逡巡。换言之,现有法律规范群可以覆盖对金融领域消费者的保护,而并不会产生现行法律系统无法容纳或无法兼容的情形。因此,金融消费者并无概念化或教义化的必要,强制或生硬的概念化反而会破坏已有体系甚至产生额外负担。诚如黄茂荣教授在分析法律概念时指出,“当法律概念负载了价值,便可应用法律概念来传递消息,并利用逻辑的运作来减轻思维的负担,概将法律所肯定的价值概念化后,可把很多复杂之价值或技术的考虑隐藏在法律所运用之用语里,使得后来者不必再重复去考虑这些情事”。[2] 但笔者并不否认金融领域消费者或金融消费者可以作一笼统或概括的称谓,以实现一种表达上的直接性与便利性,因此本书也并未过分拘泥于究竟是“金融领域消费者”还是“金融消费者”,二者可能会混用或交替适用,因为此种表达只具有指代上的意义,而并不具有概念化或体系化的

---

〔1〕 有学者也对“保险消费者”这一概念进行质疑,参见任以顺:《“保险消费者”概念质疑——以“保险相对人”概念取代“保险消费者”的合理性》,载《法学论坛》2015年第6期。

〔2〕 黄茂荣:《法学方法与现代民法》,法律出版社2007年版,第73页。

意义。

2. 金融领域消费者保护≠依赖公权力

金融消费者属于消费者的子概念,其理论或制度可能存在的问题事实上与中国消费者保护问题密不可分,这就需要先了解中国消费者法产生的客观背景和存在的问题。

中国消费者权益保护法自产生之初就与西方发达国家的消费者法的路径不同,欧美国家消费者法的产生是建立在私权已然充分发展、私主体具有充分的权利意识的基础上,而中国消费者法产生在私主体并未充分发育、私权并未得到充分发展的背景下,法律规则多是遵循“管制法”的路径,以行政管理为基本手段,保障消费者权益。从概括的私法史的视角而言,消费者运动大致在20世纪60年代产生,同一时期西方市民社会中的私法已基本形成,民事主体和基本权利已存在并已成熟发展,业已经历了较为完整的民事权利萌发与发展的阶段。我们可以尝试做一个推测性的结论:实际上在西方发达国家,民事主体、民事主体权利已先于消费者运动、消费者权利而产生;换言之,消费者运动与消费者权利的产生,在一定程度上是以民事主体之人格形成与权利形成为基础的,而并非仅仅由外界经济因素与社会因素而促成。之所以做这种对比,并非是要将西方法律发展作为一个应然“标尺”,主要是探究这背后所存在的理论演变的隐喻。中国消费者法的产生系以20世纪90年代世界消费者运动以及中国打击和应对假冒伪劣商品为背景,彼时正值社会主义市场经济发展初期,市场尚未发展成熟,当时的消费者权益保护法基本上以“管制法”的面貌出现,而在很大程度上忽略了其私法本性,对消费者的保护也历史性地形成了对公权力管制的路径依赖,但近三十年的实践表明，中国消费者保护的效果并不尽如人意。

事实上，对消费者保护以公权力介入甚至僭越至第一位，即便是在消费者保护首开先河的美国也持续受到质疑与批评。有学者指出，肯尼迪总统 1962 年第一次在国会强调消费者权利问题，在之后的几年间，美国通过了很多法律实施肯尼迪的消费者权利法案，这些法案即包括修改一些救济措施以及解决一些程序上的难题。[1] 但是这些建议设立的消费者保护组织实际上对消费者也是一种毁灭性的欺骗，因为这些组织本来就不打算透明化，是政府想要精致地建立自己的内部组织，扩大自己的官僚体系，他们试图采用的解决问题的方法事实上并不符合消费者的需求。他们认为政府并不是解决消费者问题的首要因素。[2] 过分强调政府形式上的作用的副作用之一就是导致政府各种分支机构的既得利益不断出现并且加强。[3] 在消费者保护方面，实际上最基础的关系仍然在销售者和买受人之间，而不是政府和消费者之间，政府仍然只能是第二位的。[4] 因此，所谓公权力对消费者保护的“神话”在西方发达国家也遭遇不少挑战，这也不得不让其他国家思考类似问题，而不能一味盲目效仿借鉴。

回到金融消费者理论与制度，似有同理，过于强调金融领域消费者的身份转变与行政保护，过于强调对“买者自负”的突破，

---

〔1〕 这些法律涵盖食品与药品（11 个法案）、汽车（5 个法案）、香烟（4 个法案）、包装和标签（4 个法案）、安全（4 个法案）、消费者信贷（3 个法案）、担保和保证（3 个法案）以及其他事项（4 个法案）。

〔2〕 “Consumer Protection Legislation：Another Consumer Fraud?”，*Georgetown Law Journal* 60，1971，pp. 113，115.

〔3〕 “Consumer Protection Legislation：Another Consumer Fraud?”，*Georgetown Law Journal* 60，1971，pp. 113，118.

〔4〕 “Consumer Protection Legislation：Another Consumer Fraud?”，*Georgetown Law Journal* 60，1971，pp. 113 – 115.

可能与中国金融消费者自身的发展并不匹配,仅仅冠以“金融消费者”之名并非制度目的,真正能维护消费者利益才是制度实质与制度目标。

3. 金融领域消费者保护≠依靠金融业“软法”

由于金融领域消费者的提出晚于消费者而产生,因此在一定程度上,人们仍然以“金融领域消费者理论 = 理论基础 + 现实原因 + 金融业因素”这一公式模型来讨论金融领域消费者的产生和存在。这种思路是值得肯定的,但是由于中国的消费者主体与消费者法产生于社会主义市场经济初中期,人们可能相对忽略了消费者法产生和发展的中国现实背景问题。金融领域消费者的概念、理论、制度构建与实践回应,实际上还是与消费者保护在中国的实践路径相类似,即依赖公权力。一提到金融领域消费者保护,人们往往首先想到的是林林总总的以“管制法”为核心的法律法规群,而在中国这一成文法国家,却在一定程度上忽视了从最基本的制定法入手,如合同法、消费者权益保护法等,而是直接跳过制定法援引以规范性文件面貌出现的指导意见、规划纲要等或寄希望于这些貌似效率较高的“短平快”文件。这些规范性文件群虽然在一定程度上能够反映公权力的保护力度,但实际上却并不能从根本上解决消费者保护的问题,依赖公权力和金融业“软法”保护消费者的思路必须突破,消费者保护应向旨在调整消费者与经营者二者之间利益平衡的方向寻求效果。

(三)法律适用上的尴尬现实

中国消费者法自带的“管制法”特色,导致人们在讨论消费者主体样态发展以及制度构建之时,往往更加关注如何完善监管,而忽视其本质上所具有的法律适用价值。争论不休的投资者与消费者之间的界限问题,与其说是二者概念界分问题,不如说是考察二者在实践中的法律适用问题。

从目前制度构造和案例来看,将投资者转变为消费者在全世界范围内似乎都不太现实,二者存在严格界分。投资者必将因其对风险的选择而承担相应责任,在信息披露层面,对投资者的信息披露并不低于消费者,因此将投资者转变为消费者存在诸多矛盾与逻辑错配之处。在法律适用层面,以我国台湾地区为例,在有关雷曼兄弟连动债案件〔1〕中,并无“消费者保护法”之适用余地。〔2〕 从近年来世界各国和各地区的司法案例来看,在个案裁判中,非专业投资人与金融机构之间的博弈标尺并没有向非专业投资人移动的迹象,即试图通过“自我负责”的突破在个案中几无适用空间。在司法实践中,涉及所谓的金融领域消费者的相关案件仍然是依据合同法或侵权法进行裁判。

从我国台湾地区的经验来看,法院对于各式金融“法规”及“消费者保护法”解释甚为严格,法院判定各金融“法规”与“消费者保护法”可能对于金融机构的限制与责任时,认定颇为严格,相对地,判断金融机构是否有规避“法律”规定时,又采取相对宽松的态度。〔3〕 从我国台湾地区法院判决情况来看,截至 2013 年,12

---

〔1〕 该案中,法院认为投资人“投资”是为了生产金钱,不符合以消费为目的之规范。参见黄淳钰:《以若干民事判决探讨“金融消费者保护法”》,载《金融服务法评论》(第5卷),法律出版社 2013 年版,第 303 页。

〔2〕 黄淳钰:《以若干民事判决探讨“金融消费者保护法”》,载《金融服务法评论》(第5卷),法律出版社 2013 年版,第 303 页。

〔3〕 黄淳钰:《以若干民事判决探讨“金融消费者保护法”》,载《金融服务法评论》(第5卷),法律出版社 2013 年版,第 310 页。

件上诉到“最高法院”的案件，投资人全军覆没。[1] 消费者依据“民法”主张金融机构的各式责任，无论是善良管理人注意义务、侵权行为、法律行为无效等，因诉讼连结到各式金融“法规”与“消费者保护法”，又以各该“法律”作为事实判断之基准，但这些“法令”的确无法达到保护金融消费者的效果。[2]

而2016年中国大陆有一个典型案件，涉及投资者与金融消费者的界分，但思路却与我国台湾地区迥异。在林娟诉中国工商银行股份有限公司南京下关支行财产损害赔偿纠纷[3]一案中，南京下关支行因违反投资者适当性说明和举证义务而承担相应侵权责任。由于《证券期货投资者适当性管理办法》系2017年7月1日起开始施行，该案判决时的法律依据仍是《侵权责任法》《证券投资基金销售适用性指导意见》等法律法规，仍然坚持“投资者适当”原则。尽管判决中几处提到“金融消费者”这一表述，但根据上下文推断，判决书中既未提到消费者权益保护法，也没有像我国台湾地区一样讨论该自然人主体是否为金融消费者，而仅仅是一种所谓理念上的倡导，形式上却造成了“投资者”与“金融消费者”的概念并存，从专业的角度看，法官如此撰写判决书实则并不专业。另外，《证券期货投资者适当性管理办法》及其起草说明中，对“金融消费者”只字未提，可见立法上还是对二者进行严格界分，消费者仍享有消费者权利，而一旦转化为投资者，就享

---

〔1〕 黄淳钰：《以若干民事判决探讨“金融消费者保护法”》，载《金融服务法评论》（第5卷），法律出版社2013年版，第313页。

〔2〕 黄淳钰：《以若干民事判决探讨“金融消费者保护法”》，载《金融服务法评论》（第5卷），法律出版社2013年版，第314页。

〔3〕 参见上诉人林娟与上诉人中国工商银行股份有限公司南京下关支行财产损害赔偿纠纷一案的民事判决书[（2016）苏01民终1563号]。

有投资者权利和履行投资者义务，不存在所谓的消费者“身份豁免”。反言之，这也更加符合消费者法的初衷，随着经济社会发展与法人制度的出现，消费者处于经济劣势地位，从而需要法律进行校正，但此种校正必须具有一定限度，如若实力强大之自然人也受到“倾斜之法”的庇护，则必然对他人不公，有违消费者法之初衷。

国内对金融消费者的学术研究如火如荼，但是冷静思考，就会发现此种以英美为样本、以大陆法为理论依据的论述并不具有显著意义。因此，反思国内研究的现状，尤其是方法论上的一些问题，在当下尤具有重要意义。

在法学学术理论与制定法系统内考察，是否目前已有理论以及对制定法的解释论已无所作为，而必须要通过理论增量创新与创设新概念才能解决问题？如若并非如此，则“创设”新概念意义并不显著。而通过解释论，可以较为周延地解释出金融消费者系消费者的子概念。投资者等专业金融交易主体的身份仍不宜转变成消费者，此种转变，并非有利于投资者，而可能是对消费者理论与实践的一种误读。

笔者并无批判当下“金融消费者”研究成果之意，在林林总总的法学研究成果中，囿于笔者研究范围与能力所限，暂时只能找到“金融消费者”这一研究范例。如果一个概念具有生命力，它将不会停留于一时的“虚假繁荣”，如果研究仅仅体现为一种“学术GDP”，这样的研究可能少一些更为有益。综观当下的司法审判实践和金融领域实践，似乎这个概念并没有受到太多重视而持续不衰。因此，强调一般法或者夯实法教义学并避免一些意义不太显著的研究，可能才是当下研究的进路所在。

第三节 金融领域消费者保护的实施进路

诚如本书前述分析所言，过分强调重要性而不谈实施进路，所言权利与保护也只能停留在理论与法律文本之中。因此，寻求金融消费者保护的实施进路是当下所面临的紧迫与重要问题。

一、完善以成文法为核心的相关法律体系

金融领域的特征之一，即实践变化快、金融产品创新多样，这就使金融领域的政策性文件天然地具有一定“优越地位”，从制定法的作用与缺陷上而言，后者也起到了弥补制定法的不足的作用，尤其在中国这种金融业急速发展的场境中，后者可能更加具有直接效果。但是法的安定性是法律所追求的价值目标之一，如果制定法仅仅具有形式上的意义，而政策性文件更多的起到实质规制的效果，那可能就丧失了法律的基本作用和基本价值。因此，对一些基础法律关系必须要在制定法中夯实并且做到一定前瞻性，同时对一些新出现的社会现象或社会事实进行一种“描述性”以及“针对性”规制，这样才能构成一种补充性的、体系化规制的效应。

第一，考虑对合同法的修改。德国对消费者法的“破冰”研究始于对合同的规制，我国台湾地区“消费者法”也着力于定型契约规制等方面。合同法是最基本请求权行使的基础，因此，在民法典编纂过程中，在合同编的构建之时，建议能将与消费者相关的预付型合同、理财合同等进行规定或进行一定指引，从而构建金

融领域消费者保护的基础性规则。

第二,考虑消费者权益保护法的补充完善,加强现有与金融消费者相关法律法规与消费者权益保护法的对接力度,适时进行《中国人民银行法》的修改等。借鉴英国《金融服务与市场法》将“适当保护消费者权益,维护公众对金融体系的信心”写入立法宗旨中,确定实施金融消费者保护的机构及职责;确定金融消费争议的解决框架等基础性内容,维护金融消费者的合法权益。同时,依法制定可操作性较强的规章或条例,着重明确规定客户信息的收集、传播和使用,对金融机构的透明度制定标准,增加金融机构与消费者发生争端后的解决机制、侵害金融消费者权益的执法行动等条款内容。

第三,诉讼制度的补给。从长远来看,需要借鉴行政诉讼制度和境外消费者诉讼的特殊制度设计,着眼于金融消费者相对弱势的诉讼地位,建立区别于一般民事诉讼程序的消费者诉讼制度,包括赋予金融消费者组织的起诉资格,赋予消费者公益诉讼主体资格,确立消费者诉讼对同类产品的普遍约束力,为消费者诉讼设计特殊的程序与证据规则等。同时,可建立金融消费者投诉数据库,根据金融消费者投诉的次数和涉及金额进行调查和分析,并通过定期的监测,从比较集中的投诉中识别潜在的金融消费者保护问题,为金融业制定相关政策提供翔实数据和参考依据。

二、经营者义务的履行约束

在观察消费者法产生的时候,人们普遍关注的是消费者如何从传统民法中分离,关注后端的公权规制与社会化发展,而较少再回溯消费者与经营者之间的基础关系,诚如上述美国乔治城大学的研究中所表明的,政府和消费者组织所提出的解决消费者问题的方案和方法未必适合消费者需求,政府只能是第二位的,而并非是优先考虑的因素。换言之,对消费者的保护,仍然是重在对经营者的约束和义务履行。

注重信用体系的建设与契约精神的遵守是根本,同时要充分落实信息披露原则。金融制度的设计,无论是正式的法律法规还是配套的自律守则或行政建议,都应充分体现信息披露原则。金融机构在披露产品和服务信息时,必须做到全面、准确,既要进行销售前的信息披露,更要在金融产品和服务的存续运行期间以及服务终止之时加强信息披露。

例如,商业银行在销售理财产品时,应将产品的结构、投资风格、市场潜在风险、免责条款等设置情况全面告诉消费者,不能夸大产品的收益,掩饰产品的风险,而目前商业银行的实际操作却是让消费者签署一份风险告知书,告知书的签署方式是要求消费者一字不落地抄写关于知晓风险等格式化内容。这种做法就过于形式化,即便是消费者抄下相关文字,也并不代表就知晓相关风险,事实上,经营者的必要解释工作仍不可缺少。但从目前的情况来看,消费者的知悉真情权与本身风险投资能力的判断还过于形式化,经营者对此也往往并非从消费者自身出发,而仅仅是通过一种机械化的操作来做到其对“合规”要求的形式上的满足。另外,可探索建立合格金融消费者制度,区分一般金融消费者与合格金融消费者,为一般金融消费者划定交易禁区,避免缺乏专业知识和风险承受能力的人进入高风险领域而遭受损失。

三、人的发展之一:金融消费者教育[1]

对金融领域消费者的教育在中国似乎总是被强调,但其真实含义和内容却往往被忽略或者被简单化。当下,对金融领域消费者的教育,主要是通过监管部门以及金融机构进行相关金融知识宣传,以及在具体场合与情境中,根据监管部门的要求以及缔约义务要求,金融机构在销售金融产品时向消费者做金融产品内容解释,并由消费者书面签字确认相关格式化条款。

申言之,中国的金融消费者的教育基本还停留在普遍意义上的广泛宣传以及针对具体问题的问答形式(Q&A)。这些普遍化宣传与针对性解释是有必要的,但是否能实现对消费者进行“教育”的目的?如此简单化的“一次灌输”或反复的大众宣传是否足以培育一个经济社会中的消费者群体?毫无疑问,此种灌输与宣传是无法应对千变万化、无限趋于复杂化的金融产品的,但有一个问题随之而来,世界上是否存在一种有效的消费者教育去塑造一个完美的消费者,使之拥有足够能力去应对和辨识复杂的金融风险?答案当然是否定的,事实上,即便消费者自身能力提高,信息不对称也是一种常态与永恒,具体情境下是无法克服的,因此,任何人都不可能有足够和全面的能力去辨识和准确判断所有产品可能存在的金融风险。那么,这是否说明消费者教育就是一个伪命题?事实上,判断该命题的实际价值与意义就回到了到底什么是“消费者教育”,其内涵与实质到底是什么?与消费者作为

---

〔1〕 搜索主题为“金融消费者教育”的研究成果(搜索时间为2017年3月9日),共有869篇文献。从研究趋势上来看,2008~2017年呈逐年增加趋势,尤以2013~2016年为顶峰状态,并且2016年的研究成果数量是2008年的10倍,是2012年的1.5倍。

"人"的发展之间又是一种什么关系?

事实上,人们对消费者教育的理解可能过于偏颇,认为此种教育是一种即时性、有针对性的教育。但事实并非如此,从西方发达国家经验来看,消费者教育是一种与人的发展休戚相关并与普通高等教育等有一定联系的教育方式,旨在通过在学习期间的金融理念塑造、金融知识的教授等,使人们具有一定的金融观念,从而指导日后的金融行为选择,这也是有关主体培育的重要方面之一。因此,加强金融领域消费者教育并非妄谈与空话,而是需要持续培育的,我国也恰恰在这方面需要进一步加强。

第五章　消费者:“人”的发展哲学

第一节　“单向度的人”:消费者法之于人的发展

一、社会发展之于“单向度的人”

消费关系是现代化的产物,消费者与经营者是基于现代市场和经济关系而被塑造的主体。一直以来,人们对这一类社会关系或法律关系的甄别,以及对此种类型化主体的辨识,基本上是从外部关系上进行的,即二者之间存在经济实力、谈判能力与地位等方面的不对等,从行政管理、格式合同(定型化契约)等角度进行一种法技术的利益衡量。此种制度安排在一定程度上能够体现对消费关系的客观认识,同时也体现出对消费者与经营者之间关系的理性思考。但恰恰是这种过于关注外部关系的调整或者说过于注重外部力量的运用,使人们渐渐忽视了对消费者“人之为人”本质的认识或曰再认识。

从“人”的发展角度而言,数世纪以来的哲学研究并不缺乏对这一问题的关注,苏格拉底、尼采、海德格尔、黑格尔、弗洛伊德、舍勒、马尔库塞、休谟、马克思等著名哲学家都一直在持续关注“人”。进入现代社会以后,由于经济、社会与技术的发展,“人”总体上变得越来越渺小与弱势,而在“人”之内部,也由于一部分群体仰仗经济、权力与技术而发生一定分化,并因此改变了人与人之间所形成的社会关系,如出现了统治者与被统治者、大企业与小企业、资方与劳动者、经营者与消费者等利益对立的群体。而欲调整此种两两相对主体之间的关系,能且仅能从外部关系加以调整。换言之,相对弱势群体的实力与能力增长是一个方面,而限制强大或强势一方则成为根本方式与路径,因此,以经济的、行政的甚至强制的手段进行限制则成为社会管理者更加倾向于使用的手段。

在“限强扶弱”的思维惯性下,法律也一以贯之,以法律规则的形式固定此种社会关系的调整,此种做法并无不妥,但特别值得警惕的是,一旦某弱势群体之利益维护被制度化或规则化,法律规则所体现出的“优越感”、法律地位的“拟制预设”、法律“身份”的确认,使人们获得一种“抑制性的满足”,[1]甚至有时法律对个体所实现的是一种“替代性选择”,而并非弱势个体所最想得

---

〔1〕[美]赫伯特·马尔库塞:《单向度的人——发达工业社会意识形态研究》,刘继译,上海世纪出版集团2008年版,第7页。马尔库塞是20世纪六七十年代西方左翼知识分子的代表,他运用深刻的批判性思维来重新审视异化的资本主义社会和人们所面临的生存与发展困境。《单向度的人——发达工业社会意识形态形究》一书是其代表作,也是马尔库塞思想发展的一个转折点,标志着马尔库塞的社会批判哲学理论经过海德格尔、黑格尔、马克思以及弗洛伊德等阶段,最终形成自己的体系,也就是批判发达资本主义社会的理论。

到的或者个体也会因此而“能力萎缩”,人们可能会忽视甚至忘却从最根本上去思考“人的本质”之于“人的发展”的意义。故此,进一步延伸至具体社会关系和具体主体的讨论之时,人们应该不仅仅关注外部制度,而更要探寻人之为人的发展本质。

对人的发展过程中外部力量可能产生的影响是否有益于人类发展这一问题,最具批判反思精神的是法兰克福学派代表人物赫伯特·马尔库塞(Herbert Marcuse),尽管他批判的是发达资本主义社会中的现象以及人的发展困境,但是其著名的“单向度的社会”与“单向度的人”的理论,却能够很好地让人们理解在经济、技术、社会快速发展的同时,如何寻求人在物质与精神等多层面更好发展等问题。诚如其所言,抑制性的社会管理越是合理、越是有效、越是技术性强、越是全面,受管理的个人用以打破奴隶状态并获得自由的手段与方法就越是不可想象。的确,将理性强加于整个社会是一种荒谬而又有害的观念,但嘲笑这种观念的社会却将它自己的成员变成全面管理的对象,这样做的正当性是可以质疑的。一切解放都有赖于对奴役状态的觉悟,而这种觉悟的出现却往往被占主导地位的需要和满足所阻碍,这些需要和满足在很大程度上已成为个人自己的需要和满足。发展的过程往往是用另一种制度取代预定的制度,而最可取的目标则是用真实的需要代替虚假的需要,抛却抑制性的满足。[1] 此种批判性的理论意味着在布满社会管理的现代国家,统治者或管理者往往将所谓“理性”强加于整个社会,人似乎已经无法实现“人之为人”的发展本质。

---

〔1〕 [美]赫伯特·马尔库塞:《单向度的人——发达工业社会意识形态研究》,刘继译,上海世纪出版集团2008年版,第7页。

“正处于上升阶段的现代理性主义,以其既是思辨的又是经验主义的形式表现了如下鲜明的对比:即一方面用极端批判的激进主义态度对待科学和哲学方法,另一方面又用毫无批判性的无为主义态度对待已确立的、正在发挥作用的社会制度。”[1] 回到法学领域,我们又如何实现哲学批判理论与现代理性机制的典型代表之一的民法理论的承接?我们似乎在不断反问、质疑与回答一系列问题,如“人”是如何被安置、被想象的,现代“民法人”的焦虑以及现代民法为他们提供的希望,一个“民法人”的道德实践能力等。[2] 那么,不断置于各种社会管理的“民法人”又应当如何发展呢?

二、消费者法忽视了“人”的主体发展

在现代社会中,经济性、技术性的过度强调与人的发展似乎已存在一定矛盾,但诚如休谟所言,“一切科学对于人性总是或多或少地有些关系,任何学科不论似乎离人性多远,他们总是会通过这样或那样的途径回到人性”。[3] 现代民法中“人”的人格在“抽象化”(“戴面具”)与“具体化”(“穿衣服”)之间徘徊。那些被“穿上衣服”的人,有的被想象为弱者,成为需要法律扶助、关切的消费者和劳动者(此外还有小股东等)。[4]

就消费关系而言,文学、美学、经济学、社会学、法学都对其进行研究。审美生产主义首先以人与自然之间自由的物质变换关

---

〔1〕[美]赫伯特·马尔库塞:《单向度的人——发达工业社会意识形态研究》,刘继译,上海世纪出版集团2008年版,第13页。

〔2〕谢鸿飞:《现代民法中的“人”》,载《北大法律评论》2000年第2期。

〔3〕[英]休谟:《人性论》,关文运译,商务印书馆1981年版,第6页。

〔4〕谢鸿飞:《现代民法中的“人”》,载《北大法律评论》2000年第2期。

系为出发点,而在“生产者—产品—消费者”这一框架中,这种自由和谐的生产又会导致自由和谐的消费,自由和谐的“自然关系”才能使自由和谐的“自然关系”真正得以现实地生成,最终审美生产主义以生产与消费、自然关系与社会关系之间的“相互性”为基本立足点。[1] 传统理论相对重视“生产者—产品”这一创作过程,而当代理论则转向重视“产品—消费者”这一接受过程——这可概括为“接受论”转向,与消费文化转向正相合拍,其后果之一至少是“生产者—产品—消费者”框架残缺不全。[2] 可见,即便在其他如文学或美学此种领域,向“消费者”转向都是一个重要议题,但他们也更主张要在一个“生产者—消费者”二元存在的框架以及场域中讨论消费关系问题。换言之,此种讨论并未忽视生产者,而以“相互性”“和谐”等为基点进行讨论,与现代国家对“一边倒”地对生产者科以义务存在较大差异。这也与现代民法所想象的“经营者—消费者”[3]之间形成的强者与弱者的尖锐对立格局形成对比。在法学场域中,消费者被视为弱者和“愚者”,他们不再被法律视为古典经济学中的完全理性人,而是理智不十分成熟的人。无论是有关消费者反悔权、“冷静期”或者“买者自负”原

[1] 刘方喜:《“生产者—产品—消费者”:审美生产主义的经济哲学分析框架及其当代意义》,载《文学理论前沿问题研究:中国中外文艺理论学会年刊》(2010 年卷),钱中文主编,河南大学出版社 2011 年版,第 161 页。

[2] 刘方喜:《“生产者—产品—消费者”:审美生产主义的经济哲学分析框架及其当代意义》,载《文学理论前沿问题研究:中国中外文艺理论学会年刊》(2010 年卷),钱中文主编,河南大学出版社 2011 年版,第 173 页。

[3] 消费者法更多的是讨论在市场关系中,经营者与消费者之间的关系,而传统理论基本上还是在讨论生产者与消费之间的关系,但是由于现代社会分工以及经济发展,经营者作为重要市场中枢,已直接与消费者打交道,而使生产者在时空上退而求其次,但这并不影响我们对这种从消费者角度所着眼的生产者或消费者的二元关系讨论。

则的突破，法律在呵护消费者的同时，也将他们关进了一个“丝绒牢笼”中，使他们的主体精神逐渐被磨蚀。[1]

在世界范围内，消费者法在欧洲和美国等国的产生路径相似，基本上是通过19世纪末到20世纪中期长达半个多世纪自下而上的自发式运动而最终形成消费者法或相关法案的。在消费者运动期间，消费者们通过各种形式针对食品安全、药物安全、反不正当竞争、广告规制、安全标准、广告的社会影响、消费者的损害赔偿等提出自身想法与诉求。[2] 对其自身所应享有的权利产生不断的认识，并最终提出了几项根本性权利，如有权获得安全保障、有权获得正确资料、有权自由决定选择、有权提出消费意见等。由是观之，消费者运动是消费者最能意识到其“人之为人”的发展本质的路径与方式。

20世纪中期，美国开始逐渐出台消费者保护的系列法案，大陆法系代表国家德国也相继制定消费者保护的相关规则或法律，他们当时都是通过限制经营者权利、增加经营者义务等方式来保护消费者的。但是诚如前述，两大法系对消费者这个“人”的意义上的认识也并不相同，盎格鲁—撒克逊国家会聚焦在敏感的、信息充分的消费者作出理性决定之时会基于其所享有的知识，然而德国语系国家则宁愿相信消费者会在各方面与经营者进行积极抗争（并不需要其享有一定知识）。[3] 可见，在不同地域、不同法系，对消费者自身的智识、能力与素质的认识并不相同。从两大

---

[1] 谢鸿飞：《现代民法中的“人”》，载《北大法律评论》2000年第2期。

[2] Consumer Movement, https://en.wikipedia.org/wiki/Consumer_Movement, Dec 9, 2017.

[3] Bencsik, András, "The European Dimension of Consumer Protection", *Studia Iuridica Auctoritate Universitatis Pecs* 152, 2014, p. 35.

法系对消费者的认识上可以看出,英美法系实际上还是认为消费者是理性的、信息或知识充分的;而大陆法系基本上就被视为“弱而愚”的主体,即便其不享有相关知识和信息,也仍然能够获得保护。毋庸赘言,此种保护当然来自社会管理者,如前述第四章所提到的,美国最初在制定消费者政策与法律之时,都是以国家或政府为主导的,他们通过立法或制定政策以保护消费者权益,但也因此受到美国国内学术界的批评,认为国家忽视消费者与经营者之间的利益诉求,僭越至消费者保护的第一位,本身就是错误的。这可比附同样来自美国的哲学家马尔库塞在讨论思想控制时的批判性质疑,他认为,“单向度思想是由政策的制定者及其新闻信息的提供者系统地推进的。他们的论域充满着自我生效的假设,这些被垄断的假设不断重复,最后变成令人昏昏欲睡的定义和命令”。[1] 与“单向度思想”的实质相同,单向度政策亦是如此,“自我假设”“垄断”“自以为是”的命令与政策让政策制定者和立法者获得满足感,但却往往忽略了法律关系中的核心主体的自身需求。实际上,学者们对此种物化、异化、工具理性、技术、自由和效率等一些现代化的产物产生了深深的忧虑,认为人的尊严可能也因此受到戕害。[2]

立法者以及政策制定者将消费者作为从经营者(大企业或法

---

〔1〕 [美]赫伯特·马尔库塞:《单向度的人——发达工业社会意识形态研究》,刘继译,上海世纪出版集团2008年版,第13页。学术界对马尔库塞的理论也是在辩证地运用,实际上,马尔库塞的另一大贡献在于,其与艾瑞克·弗洛姆(Erich Fromm)、本·阿格尔(Ben Agger)、让·鲍德里亚(Jean Baudrillard)等西方马克思主义者继承与发展了马克思的异化消费理论,他们进一步批判了人们以欲求而不是基本的生存需要作为消费的出发点,从而导致人在消费中主体地位和理性精神的丧失,使人的本质异化到消费品上的物化状态的现象。参见罗晰文:《西方消费理论发展演变研究》,东北财经大学2014年博士学位论文,第54页。

〔2〕 谢鸿飞:《现代民法中的“人”》,载《北大法律评论》2000年第2期。

人等)角度所考虑的一种对象化主体。如果说消费者运动时期,消费者是在寻求自身利益出路与其自身内在的“人之为人”的发展脉络,那么“后消费者运动时期”则可能成为国家以及管理者的舞台。当然,由于其掌握权力,因此外力保护具有优势,但是此种优势与权力的运用却难免过于自以为是或者过于武断,从而使消费者在享受“抑制性满足”之时,丧失了对自己发展的警觉以及自身需要的不断审视。消费的真相不再是一种自为的、自主的、终极性的享受功能,而是一种生产功能,一种集体功能,人生活其中的是一种永远挥之不去的、缺乏主体个性的被迫消费。[1]

因此,简单地以经营者—消费者二者实力悬殊、经济地位不同等看似理性的理由为依据,而粗暴地对经营者科以义务或责任,只能是给消费者一时的、表面化的保护,却无法真正培育一个法律预设为“弱而愚”,而实质上却应当是“强而智”的群体。

三、重新认识消费者的发展本质

笔者以上试图从消费者法的实质去反思国家或管理者的盲目与缺陷,反思消费者更应实现其自身的发展本质。在以上讨论中,笔者并没有讨论各国消费者的立法情况,尤其是尚未进入讨论中国消费者法的环节。

首先,一个根本问题是,什么是消费者的发展本质?什么因素可能影响消费者实现其发展本质?

至今,除了人们公认消费者教育或消费者培育等能够实现消费者的发展本质,其他领域的探讨尚无太大进展。马克思经典理

[1] 谢晓尧:《消费者:人的法律形塑与制度价值》,载《中国法学》2003 年第 3 期。

论认为:“自由的有意识的活动恰恰就是人类特性。”[1]“人的本质……在其现实性上,它是一切社会关系的总和。”[2]也即,自由的、自觉的活动是人之本质特性,同时其又是历史的、现实的。马克思对“合乎人性”的理解和对“人的发展”的理解存在着共同的价值取向,那就是对人的生命活动之自由自觉性质的强调:从肯定作为“自由的存在物”的人的“自由的有意识的活动”,到倡导人的“自由发展”,皆是如此。另外,马克思对人的发展的定位主要不是享受意义上的,而是创造意义上的,是指能力的自由发展和充分实现。[3] 根据的人的发展本质的一种具象化或者具体化,消费者的发展本质,就是要在一定历史条件下的消费关系中实现其自由意志,具有自觉的权利意识,最终实现其自由与全面的发展。

什么是可能会影响消费者自身发展的因素?这无非来源于两个向度的影响:一是消费者自身基于人的发展过程中的局限,如人类的智慧、经验以及所掌握的技术等;二是来源于外部的限制或压力,从制度角度而言,可能来自于对经营者的义务约束不足以及国家相关制度所产生的干预偏差等。

其次,消费者基于人的本质发展及其相应法律制度构建在人类社会具有一定共通性。

消费者作为基于经济与社会关系发展而产生的主体,无论地域、国籍如何,其在市场关系中的诉求基本相同或相似,即产品与服务之质应符合其所称之标准与质量,对于权利之救济需遵循公

---

[1] [德]马克思:《1844 年经济学哲学手稿》,人民出版社 2002 年版,第 57 页。

[2] 马恩列斯中央编译室:《马克思恩格斯选集》(第 1 卷),人民出版社 1995 年版,第 56 页。

[3] 陈新夏:《人性与人的本质及人的发展》,载《哲学研究》2010 年第 10 期。

允之道。如同有论者所言,“早期的消费者问题与其说是消费者保护问题,不如说是探讨契约自由之绝对性及社会性的相对性问题”。[1]

此种共通性如同本书前几章所述,无论是在消费者自发自觉的消费者运动中,还是在消费者权利范畴与类型化认定上抑或是在消费者与经营者之间存在的基础法律关系即合同的体系化构造上,从科学性角度而言,这些内容是相似的。当然,大陆法系与英美法系之间所存在的天然鸿沟,可能会使这些内容根据法律传统而有所差异,但这并不影响权利或内容之实质。这也使消费者保护具有高度国际化的可能性,如国际消费者组织同盟(International Organization of Consumers Unions,IOCU)1960年由来自美国、西欧国家以及澳大利亚五个消费者组织在海牙发起设立的。其战略目标即专为消费者利益而在各方面实现努力,如检验方法、消费者教育以及对发展中国家实施特别的援助、鼓励和支持等。[2] 这些都为消费者实现人的本质的发展奠定了坚实的共同性基础,也为各国之间有关经济制度与法律制度的相互借鉴和相互合作以及各国与国际组织之间的合作提供了可能性。

最后,消费者基于人的发展本质与各国法律制度相联系,是历史的、客观的。

尽管笔者主张消费者制度的建构必须基于“人”的发展本质,工业化、经济发展、政治以及管理者所谓的理性可能会戕害消费

---

〔1〕 范建得:《消费者,向前行——谈消费者保护的内涵》,台北汉兴书局有限公司1994年版,第2页。转引自谢晓尧:《消费者:人的法律形塑与制度价值》,载《中国法学》2003年第3期。

〔2〕 Consumer Internationl,http://www.consumersinternational.org/who-we-are/,Dec 10,2017.

者"人"的尊严以及选择,但是笔者也并不赞同那种类似于"抽象人性论"[1]一样避开人的社会性和阶级性,离开人的社会发展,而以绝对抽象去解释人的共同本质。"人之为人"本质相同,唯相异者,概为所处历史与社会不同。与此相比照,消费者的发展仍然也必须应当在一定历史与社会的范畴去解读与分析。

从世界范围内来看,消费者法律制度的建构,本身就分别处于大陆法系与英美法系不同的法系建构逻辑之中。大陆法系以"人"为基础,以抽象化"人格"起点,消费者属于人格具象化的典型主体之一;英美法系则以"财产"为基础,以完备的诉讼制度为救济手段,消费者并没有严格的定义或"人格属性"特征,而是一种基于市场与经济的描述,但是并不影响消费者享有各种权利,尽管这些权利在大陆法系国家看来并不那么成体系,但是他们也通过食品、药品、标准化、反垄断等多重制度保护消费者。

之所以说此种消费者制度的构建是历史的,是因为在不同历史时期,即便是在同一国家,他们对消费者、消费者法的认识与看法也不尽相同。例如在德国,如著名法学家梅迪库斯所言,没有任何法律对应受保护的消费者这个概念进行过正面的定义。这些法律只是部分排除对商人的适用,而在制定这种排除规定时,也存在一些说不清楚的差异。[2] 总体上来看,对于形成一个统一

---

[1] 马克思和恩格斯在《德意志意识形态》中第一次完成了对抽象人道主义和抽象人性论的系统批判,其主要批判了现实的个人理论、对抽象人道主义及所谓"真正的社会主义的批判"以及革命的、现实的人道主义与抽象人道主义的对立和分歧等内容。参见马克思、恩格斯:《德意志意识形态》(节选本),人民出版社 2003 年版。

[2] [德]迪特尔·梅迪库斯:《德国民法总论》,邵建东译,法律出版社 2000 年版,第 18 页。

的消费者保护法的可能性,似宜持怀疑的态度。[1]

德国遵循大陆法系严格体系化传统,受潘德克吞体系以及方法的影响,他们非常注重"提取公因式"的抽象化目标,如若一个概念无法形成一种极致的概括,他们无论在思维上还是感情上可能都是难以接受的。几经争论,"消费者"这一主体终于在2002年重新公布的《德国民法典》中登堂入室,取得其"法典意义上"的地位。"消费者"仍被限定为自然人,但非常纠结的是,在《德国民法典》"第一章　人"之"第一节　自然人、消费者、经营者"的标题中,自然人本吸收了消费者,但在法典表达上却与消费者并列,也可能是因为照顾到仅列自然人、经营者,该"经营者"可能显得过于突兀与不和谐,因此选择将三者并列,以追求一种形式上的和谐与完备。客观上来讲,此规定并无所谓象征着"消费者"主体资格的认可或者是消费者的法律地位提高,如同我们经常评价德国法一样,形式上的严谨完备可能是他们往往考虑的重要因素之一。

实际上,《德国民法典》的此种选择与消费者法在世界范围的立法意图与思路转变都具有一定关联。从19世纪末开始的消费者运动将消费者这一群体以及消费者权利推至高潮,进而全世界范围内在20世纪中期都从国家层面进行立法或制定政策,以通过行政力量保护消费者,但颇为遗憾的是,此种行政保护似乎并没有取得特别成功,他们在制度设置上往往可能并不符合消费者与经营者之间的市场与理性选择,同时在行政权力过于强大的社会中,消费者群体并没有得到良好发展,"抑制性满足"使他们对

---

〔1〕［德］迪特尔·梅迪库斯:《德国民法总论》,邵建东译,法律出版社2000年版,第19页。

自己的权利并不敏感,而同时由于行政权力的过度会使一些利用制度的人获得不应有的利益,反而潜在地侵害了消费者利益。对消费者过度或不当的行政保护已经在全世界范围内被质疑,各国也试图将“权力标尺”移动,但他们又非常小心翼翼,因为他们也担心此种改变会触及根本格局。究竟如何走出一条完备、理性且具有可持续性的消费者保护之路?这可能是全人类的世界性难题之一。

第二节　拉德布鲁赫:法律上的人

一、研究拉德布鲁赫之学术价值

人的本质及其发展哲学是讨论现代社会消费者的角色定位及其发展的理论基础,社会分工愈加细化,这种哲学上的寻根溯源就变得愈加重要,因为它们能为领域细分基础上的后续研究带来基础性力量。上一节主要是从哲学角度探讨消费者“人之为人”的本质,本节渐次进入到法学范畴讨论消费者的主体地位。那么,首先一个无法避免的问题就是如何从“法律上的人”的角度看待消费者?对此问题的探讨,著名法哲学家拉德布鲁赫的观点毫无疑问最具代表性。拉德布鲁赫是新康德主义最具代表性的法哲学家,当代德国著名法哲学家考夫曼教授在评价拉德布鲁赫的思想时指出,拉德布鲁赫已被列为与修瓦兹恩伯格、萨维尼、费尔巴哈、耶林等齐名的“德意志思想史上伟大的法律思想家”,并且是在理解力及其理性、感情和灵魂的感召力两个方面都卓越非凡的“伟大的人物”。[1] 拉德布鲁赫在其经典演讲《法律中的人》以及传世之作《法学导论》之中都探讨了法律上的人的本质，以及现代社会中“人”的可能境况以及法律应如何对待他们的问题。拉德布鲁赫之更具代表性的意义还在于，其学术鼎盛之时恰逢《德国民法典》诞生，德国民法值巅峰时期，其又历经“一战”“二战”，对战争、国家、社会、“人”在“法律意义上”的变化等都有了新的认识。更重要的是，恰在该时期，消费者运动以及消费者自身诉求也处于活跃时期。拉德布鲁赫可谓一位“亲历者”与“观察者”，而他更是一位思考者与批判者。

拉德布鲁赫的核心思想集中反映在其“二律背反”的思维方式上，根据他的思维方式，法权要想成为法权，必须以特定的法律观念为取向，而这种法律观念通常包括三个方面的特征：首先是作为平等原则的正义。根据这一原则，平等与不平等要一视同仁；它是绝对有效的，但却只是形式上的。于是，又有了其次的合目的性，或共同福利正义。这一原则或特征是有具体内容的，但却只是相对的，因为个人主义、超个人主义和人际主义之间的法律价值是不能完全科学地被判断。这样，第三个要素又成为必要，此即所谓法律安全。换言之，就是能对法权内容作出权威性判断的权力或力量。对于这三种价值之间相互对立的关系，拉德布鲁赫从没有视之为固定不变，而是始终视之为变化运动的。因此，在不同的历史时期或历史条件下，会有不同的重心。[2] 拉德布鲁赫在其著名的《法学导论》这部著作中试图摆脱以前各种思

---

〔1〕 [德]阿图尔·考夫曼：《古斯塔夫·拉德布鲁赫》，[日]中义胜、山中敬一译，成文堂 1992 年版，第 248 页。

〔2〕 [德]拉德布鲁赫：《法学导论》，米健、朱林译，中国大百科全书出版社 1997 年版，第 81～82 页。

想观点和思考方法束缚的尝试,旨在从一个新的角度去思考和说明法律本身的内在价值——公平正义的真正意义,其中包括主观和客观的、现象和事实的、个人的和超个人的及社会的和超人的(人际的)意义。正是基于他的这种相对主义价值观念,使他早年曾在某些方面对自然法思想予以否认。[1] 可见,拉德布鲁赫对自己的思想与观点也极具反思与批判精神,这也意味着,对拉德布鲁赫的认识要充分跟踪其思想与观点的变化,才能了解其实质观点。

拉德布鲁赫这种带有批判性的、被评价为“二律背反”的思想在当时受到相当质疑,主要是因为其与当时的德意志法哲学颇有距离,因为德意志法学家们更注重或偏好“体系”,而他恰恰对“体系”并不在意。他想通过指出法律价值的不可扬弃的“二律背反”而予以防止的是,这些关系由于矛盾的对立、识别的化解、一致的调和及中立的隔离而不是被否认,就是被破坏。它避免了使法哲学只作为法学的奴婢,并对法哲学提出了如此的任务:坚持不懈地对那些表面上毫无问题的法学自觉意识给予质疑和震动。恰恰是在上述基础上,拉德布鲁赫常常追寻被误解的主题语“相对主义”。这种相对主义提醒人们放弃寻求最终的、唯一的、先见的答案。[2] 拉德布鲁赫在法哲学上的相对主义是建立在有关终极性的应然命题的相对主义立场上的,即相互对立的价值和世界观

---

〔1〕［德］拉德布鲁赫:《法学导论》,米健、朱林译,中国大百科全书出版社 1997 年版,第 204 页。

〔2〕［德］拉德布鲁赫:《法学导论》,米健、朱林译,中国大百科全书出版社 1997 年版,第 209 页。

对立统一的地方,已不能再用科学的一语性来解决这个命题。[1]

也许相比语词、理论与体系的创造者与建构者,具有批判思想的哲学家可能更容易在社会急速变化或重大社会变革中发现新的问题,拉德布鲁赫恰是这样一位“伟大的人物”,他透过一种平均化类型的平等、平均化类型的人格以及一种“人”之现实中的类群化,去试图发现背后的实质平等、人格的具体化以及即便类群化又始终未偏离人的个体价值实现这一轨道等真谛。因此,比起简单的所谓个体被社会化、私法被社会化的论断而言,真正研究清楚拉德布鲁赫思想,才能清楚了解彼时历史横断面的真实镜像,才能让人们真切理解“人”是如何分解出消费者的,消费者又是如何实现人的本质的,以及人的终极价值等问题的本质与原貌。

二、作为法哲学基础概念的“人格”

1926 年年底,拉德布鲁赫在海德堡作了题为“法律中的人”的首次演讲,其中谈到,谈法律上的人,不是要说法律如何评价人,也不是要说法律如何对人起作用或者应当如何起作用;而是要谈法律如何想象(设想)人,法律采取什么方式对待人。同时并不是现实中的人,而是关于人类形象(das Bild des Menschen),即呈现在法律上的,准备加以法律规定的人类形象。[2] 可见,拉德

---

〔1〕 Radbruch, Rechtsphilosophie, 7. Aufl. , 1970, S. 100. [德]拉德布鲁赫:《法哲学》,田中耕太郎译,第 117 页。转引自[日]铃木敬夫(Keifu Suzuki):《论自由社会主义——论拉德布鲁赫〈社会主义文化理论〉的现代意义》,载《比较法研究》2004 年第 5 期。

〔2〕 [德]古斯塔夫 · 拉德布鲁赫:《法律上的人》,载[德]古斯塔夫 · 拉德布鲁赫:《法律智慧警句集》,舒国滢译,中国法制出版社 2001 年版,第 141 页。

布鲁赫的观点意在法律先要“想象”或“发现”人的真实面貌,进而再谈及如何对待人。换言之,人之本身以及人的本质是讨论一切问题的根本。

他试图从社会事实中去发现人的“原貌”和真实地位,进而再去讨论到底需要什么样的法律。对作为立法理想的人的规定性和本质,他有不同的理解,而且他在此思路上还进一步加深了其“相对主义”基本观念:由于可能的文化理想的有限性,所有法权都是有局限的,但在此还只限于人类社会学的类型。[1] 事实上,他对立法者在一定程度上是持批判态度的,他认为,“一切可能妨碍追逐正当利益的关系,一切在法律之外形成的关系,一切社会的、经济的关系被忽视了,而法律可能性与事实可能性被等量齐观,例如把形式上的契约自由看作是事实上的契约自由。凡全部被视为自私自利之人的、老谋深算之人的、机警灵活之人的和自由思考之人的,也因而恰好被看作是相互平等的”。[2]

这种基于立法者的在先臆想、在先预设的一种平等,可能并不符合生动的或实际的社会或经济中的人际关系格局,他们实质上可能是不平等的。拉德布鲁赫曾评价道,“自由主义法律时代主观设想出来的经验的(人)平均类型是何等地异想天开”。[3] 可见,在拉德布鲁赫看来,资本主义法是通过法律上具有实际效力的行为,并且通过消除一切人之差别的“个人”的法律概念来假

---

〔1〕 [德]拉德布鲁赫:《法学导论》,米健、朱林译,中国大百科全书出版社 1997 年版,第 208 页。

〔2〕 [德]拉德布鲁赫:《法律上的人》,载[德]古斯塔夫·拉德布鲁赫:《法律智慧警句集》,舒国滢译,中国法制出版社 2001 年版,第 146 页。

〔3〕 [德]拉德布鲁赫:《法律上的人》,载[德]古斯塔夫·拉德布鲁赫:《法律智慧警句集》,舒国滢译,中国法制出版社 2001 年版,第 148 页。

定实际存在社会不平等的地方也具有平等性，并认为那是绝对的东西而贯彻的。[1] 立法者可能更多的是“设想”“平均”，但超验的、先验的都是不现实的，真正的基础与素材只能来自“经验”。拉德布鲁赫对法的变迁过程也有自己的独到观点（见表5－1）。

表5－1　拉德布鲁赫关于法的变迁过程的类型[2]

时代和社会类型	古代：礼俗社会、父权制时代	近代：自由（权利）主义时代	现代：社会法时代（新的礼俗社会）
人的原型	家族型人：家父	单个人：商人、“经济人”法律人	集体人：企业主、工人、职员；社会组织、阶级、政党
人的属性	尚无权利意识	非常自私、精明、自由、平等	既有个性意识又有社会责任心和共同体感
法的类型和本质	民俗法：无意识的共同意志、无组织的民族精神的本能意志	制定法、官吏法、个人法；有意识的个人意志、国家立法者的目的意志	社会法：有意识的作为立法者的共同意志、组织起来的民族精神的目的意志
法的产生	自发产生，养成是在各种法书和智判询答中	立法者制定	立法者制定，但以公意为基础，通过民主途径

〔1〕 Radbruch, Kulturlehre des Sozialismus，转引自［日］铃木敬夫（Keifu Suzuki）：《论自由社会主义——论拉德布鲁赫〈社会主义文化理论〉的现代意义》，载《比较法研究》2004年第5期。

〔2〕［德］拉德布鲁赫：《法律上的人》，载［德］古斯塔夫·拉德布鲁赫：《法律智慧警句集》，舒国滢译，中国法制出版社2001年版，第154页。表5－1转引自严存生：《法治社会中的"法律上的人"的哲理思考——读拉德布鲁赫〈法律上的人〉有感》，载《华东政法大学学报》2004年第6期。

续表

法的特点和表现形式	1. 与风俗、伦理、宗教教义混在一起； 2. 突出义务； 3. 诱导、规劝式的用语	1. 表现形式：成文法； 2. 强调个人权利至上； 3. 命令式的用语； 4. 个性化	1. 表现形式：成文法； 2. 权利不再那么神圣不可侵犯，其行使以履行义务为前提； 3. 趋同化
典型的法	同业公会制度：采邑制度	商法	劳动法

但是，在这种立法、理论与现实之间是否存在一个"中介性概念"，能使理论与现实能够有效沟通，立法也能在各种变动不居的现实中不致僵硬。也许"人格"是一个最好的基础性中介。事实上"人格的概念是一个平等的概念，在这个概念里，人们之间的一切差异都被抹消了。有钱人和没钱人，弱小的个人和强大的团体人的人格都是一样的。人格概念统一地考虑一切人的法律平等、所有权自由的平等和契约自由的平等。可是在现实生活中的社会强者所具有的所有权的自由和契约自由，实质上是和弱者所具有的所有权的自由和契约自由不对等的"。[1]

因此，"人格"似乎是一个法哲学意义上的基础中枢或中介，借由人格，"根据人格和其他地位不同而具体地对待人格，给弱者以强者的特殊权利，即分配正义这个相对平等，才能实现标准的平等，真正的终极性的平等"。[2] 至此，拉德布鲁赫的贡献可能更

---

〔1〕 Radbruch, Kulturlehre des Sozialismus，转引自［日］铃木敬夫（Keifu Suzuki）：《论自由社会主义——论拉德布鲁赫〈社会主义文化理论〉的现代意义》，载《比较法研究》2004 年第 5 期。

〔2〕 Radbruch, Klassenreht und Rechtsidee，转引自［日］铃木敬夫（Keifu Suzuki）：《论自由社会主义——论拉德布鲁赫〈社会主义文化理论〉的现代意义》，载《比较法研究》2004 年第 5 期。

在于这种对以“人格”为基础的讨论，但又未拘泥于仅仅停留在抽象人格层面，而将诸类基于社会发展可能出现的新主体以人格的具象化进行解释。由是观之，拉德布鲁赫言称并不在乎或拘泥于“体系”，但其恰恰却开创了一种以“人格”为体系化构造的认识路径与解释方法，这也为后世在其经典理论基础上的研究更易找到脉络与基础，同时也更具理性和科学性。

三、实现“个人价值”之目的

消费者这一主体在理论上实现从“抽象人格”向“具象人格”的转换，奠定了之后进一步从法律上讨论的可能。诚如拉德布鲁赫所言，“这一新的人类形象，与自由权利时代（liberales Zeitalter）抽象的自由、自利和精明的（人）图式相比，是一种更加接近生活的类型，在此同时考量的是法律（权利）主体的智识的、经济的和社会的实力状态（Machtlage）。自此以后，法律上的人不再是鲁滨逊或亚当，不再是离群索居的孤人，而是一个社会中的人，一个集体人（der Kollektivmensch）”。据此，法律（权利）主体也就分解了，化为一个社会类群的大多数。由此勾画出一种思想发展的线索：从为了共同人的共同意识的法律开始，经过个别立法者为了臆想的毫无关系的个人制定的法律，一直到近现代的作为有组织共同体成员的“集体人”的法律。[1]

特别值得注意的是，拉德布鲁赫的“社会法解释”，是通过形

〔1〕［德］拉德布鲁赫：《法学导论》，米健、朱林译，中国大百科全书出版社1997年版，第208页。

成社会的具体的个人来描绘法的形象，来引导"社会化的个人"[1]的。但是其从"法律中的人"展开的法的"社会解释"论和苏联法学理论家E. 帕舒卡尼斯(Eugen Paschukanis)的法的"社会主义解释"存在根本性差异，尤其是，当帕舒卡尼斯言说"社会主义"意味着他的社会主义的法理论是始终一贯地站在"超个人主义"(überindividuallis-tiche)立场的。[2] 即帕舒卡尼斯是将法律的最高目标放在"团体价值"上，将法律视为维持"高于个体的全体"的安定而设立的制度。与此相反，拉德布鲁赫的"社会法解释"如上所述是"个人化"(Individuation)的构成，将"个人价值"视为法律的最高目的。在拉德布鲁赫来看，法律不仅是服务于每个人的尊严、价值及其安全和保护的制度，而且从终极性的意义来说，是为了"孤独的权利"(Recht auf Einsamkeit)而服务的制度。[3]

而毫无疑问，"个人主义法律观和社会法律观因而都必须一致以人的平等性概念为出发点。社会法律观不会将平等性概念

---

〔1〕 对法的形式的批判意味着要求将法律和国家的方向定向于具体的、社会化的个人。Radbruch, Rechtsphilosophie，转引自[日]铃木敬夫(Keifu Suzuki)：《论自由社会主义——论拉德布鲁赫〈社会主义文化理论〉的现代意义》，载《比较法研究》2004年第5期。

〔2〕 Paschukanis, Allgemeine Rechtslehre und Maxismus; S. 41f.《法的一般理论和马克思主义》，[日]稻子恒夫译，日本评论社1973年版，第72页以下；Radbruch, Grundzüge der Rechtsphilosophie, S. 97ff. Rechtsphilosophie，转引自[日]铃木敬夫(Keifu Suzuki)：《论自由社会主义——论拉德布鲁赫〈社会主义文化理论〉的现代意义》，载《比较法研究》2004年第5期。

〔3〕 Radbruch, Kulturlehre des Sozialismus，在《社会主义文化理论》的后记中，拉德布鲁赫论述道：在这本书里明确了"内在于唯物史观的理想主义"，以此来揭示出很难被社会主义消除掉的内在化的个人主义。所以，在这里展开的"文化理论原本是具有个人主义倾向的，即具有个人主义的核心的东西"。是故，社会主义文化理论的根据确定无疑地"依然是人格，当然那是迄今为止没有一个宪法确认过的一个基本人权，即'孤独的权利'"。转引自[日]铃木敬夫(Keifu Suzuki)：《论自由社会主义——论拉德布鲁赫〈社会主义文化理论〉的现代意义》，载《比较法研究》2004年第5期。

分解成雇主、雇员、工人、职员等不同类型。之所以是雇主、雇员、工人、职员，只是因为他们不同的身份背景，但即使在这些背景中，他们也被视为平等的人”。[1] “人之所以为人，并不是因为他是一种有肉体和精神的生物，而是因为根据法律规则的观点，人展现了一种自我目的。”[2]这一点与哲学上人之为人的本质即人的精神自由的实现、自我目的实现等旨趣相同。

19 世纪末的《德国民法典草案》以个人主义和经济自由主义为主，当时曾出现两位具有影响力的批评者。他们站在不同的出发点，成为社会法思想的前驱：奥托·基尔克(Otto Gierke)，他站在德意志法的立场上与草案的个人主义的罗马法学者作斗争；而安东·门格尔(Anton Menger)，则立足于社会主义观念之上批评草案的经济自由主义。[3] 门格尔的批评使得在《德国民法典》中，劳动契约自由受到无回旋余地的规定限制，以保护就业者的健康、品德与宗教，进一步说，就是为了保障较弱一方契约当事人实际的契约自由，对较强一方契约当事人的契约自由加以法律限制。[4] 诚如本书第三章所讨论的，约束经营者与消费者之间法律关系的核心基础之一就来自于契约，限制契约自由的方式自然来自法律规则与政策，而契约的更重要意义则体现于法律裁判中的规则基础与请求权基础。

拉德布鲁赫对《德国民法典》的立法评价较高，他认为，立法

---

[1] [德]G. 拉德布鲁赫：《法哲学》，王朴译，法律出版社 2005 年版，第 133 页。

[2] [德]G. 拉德布鲁赫：《法哲学》，王朴译，法律出版社 2005 年版，第 133 页。

[3] [德]奥托·基尔克：《民法典草案和德意志法》(1889 年)第 2 版、[德]安东·门格尔：《民法和无产者阶层》(1908 年)第 4 版。转引自[德]拉德布鲁赫：《法学导论》，米健、朱林译，中国大百科全书出版社 1997 年版，第 66 页。

[4] [德]拉德布鲁赫：《法学导论》，米健、朱林译，中国大百科全书出版社 1997 年版，第 67 页。

者凭着明智的自谦,他们事先并没想到以僵硬的模式去把握不可预见的发展,而是以多种多样的变化号召法官对法律进行有创造性的发展。这些规定作为一种“安全阀”,防止了法典因经济关系的根本性转变而张裂。《德国民法典》尤其要感谢那些或此或彼的伸缩性概念,它使《德国民法典》在一个通常僵硬的概念体系中,终究能够证明自己相对地反映了时代的无止境要求。[1] 他也预测与推断,《德国民法典》以外的许多立法重建是不可避免的,诸如居住法、劳动法和青少年法。[2] 可见,尽管拉德布鲁赫极具批判精神,但是其看待事物也是非常客观的,即便当时有学者批判《德国民法典》不符合经济发展实际,但拉德布鲁赫亲历《德国民法典》鼎盛之时,更对自己母国的民法典怀有骄傲之情。

事实上,拉德布鲁赫对历史上的劳动关系是持批判态度的,因为在传统罗马法中,劳动关系曾被划入物权范畴,劳动者作为奴隶,不过是主人的财产和物。[3] 同时他也基于劳动契约对契约自由制度提出了批判,认为当时的契约自由制度不过是在不考虑任何社会伦理背景的情况下,将雇主与雇工的关系限制在双方的契约义务范围之内。这种依从关系曾是一种不符合人性的法律关系,但却不失为法律关系,因为它毫不掩饰地将人作为标的,为此而设计,并且被社会道德所接受。[4] 换言之,他认为,当时的劳

---

〔1〕[德]拉德布鲁赫:《法学导论》,米健、朱林译,中国大百科全书出版社 1997 年版,第 71 页。

〔2〕[德]拉德布鲁赫:《法学导论》,米健、朱林译,中国大百科全书出版社 1997 年版,第 66 ~ 71 页。

〔3〕对劳动关系这一问题,罗马法学者存在不同看法,有学者认为劳动关系是一种租赁契约,是债的范畴,将劳动视为一种财产。参见[意]奥利维耶罗·迪利贝尔托:《罗马法中买卖与租赁的异同》,载《环球法律评论》2017 年第 3 期。

〔4〕[德]拉德布鲁赫:《法学导论》,米健、朱林译,中国大百科全书出版社 1997 年版,第 81 ~ 82 页。

动契约只是采取了“契约”的形式，而并没有体现契约关系的实质，并非对双方是平等和公平的。尤其是这种差异和不公平在劳动和工资的关系中最为明显。[1] 进入现代社会之后，法学家和立法者们逐渐发现劳动者的不同性质的“身份”，以及法律对契约关系进行不同于以往的调整与限制。拉德布鲁赫基于对自己从社会角度所进行的观察、对劳动关系的发现以及法律对此予以认可，其也对劳动法应有的地位有极高评价，认为劳动法对社会法律时代起着引领道路的作用。而劳动法的本质则是极限地接近生活，[2]劳动者不是抽象的法律之人，也不是单个人，而是“穿衣服的人”、“有身份的人”和集体人。

但需要强调的是，如上述对拉德布鲁赫和帕舒卡尼斯的理论对比，即便拉德布鲁赫强调自然人基于社会事实所生成的不同“身份”、集体人、社会法，他始终基于“个人化”的构成，将“个人价值”视为法律的最高目的，而非集体价值或其他，由此拉德布鲁赫与诸多哲学家一样，将人的发展仍系于人的自我价值实现，这也是哲学上关于“人”的发展的讨论起点与最终归宿。

至此，从目前所能找到的拉德布鲁赫的文献来看，他几乎并未直接论及消费者，尽管世界范围内的消费者运动几乎与拉德布鲁赫年龄同期，但从他的系列理论中，我们可以提炼出两个重要内容——人格之“抽象化—具象化”以及在“社会法解释”路径下的“个人价值”实现。

人格理论，不失为民法之部门法哲学主线之一，诚如笔者一

---

〔1〕［日］铃木敬夫（Keifu Suzuki）：《论自由社会主义——论拉德布鲁赫〈社会主义文化理论〉的现代意义》，载《比较法研究》2004 年第 5 期。

〔2〕［德］拉德布鲁赫：《法律上的人》，载［德］古斯塔夫·拉德布鲁赫：《法律智慧警句集》，舒国滢译，中国法制出版社 2001 年版，第 149～150 页。

直所强调的,大陆法系与英美法系在私法领域探讨问题的“元理论”、“元概念”、制度构造以及分析路径完全不同,尽管对“个人价值”实现的目标相同。因此,人格理论可以在体系化框架之内(尽管拉德布鲁赫对“体系”并不在意),对诸多新主体与新制度进行适用并进行解释,而且并不会造成思维负担。此种“合体系性”并非造作之为,而是理论与社会事实的不仅在形式上的“偶遇”与“巧合”,实则更是各向度思维与理论的殊途同归。这也为后世能够理解与传承此理论,奠定了坚实基础。

“社会法解释”路径下的“个人价值”实现,可以说是拉德布鲁赫对“人”的发展哲学理论历史上的重大贡献之一。基于社会的发展、经济的发展、极限地接近生活,进而探讨人的发展,尽管将这类人视作集体人,但却是实实在在地为个人的自我实现,而非为个人以外的其他集合性团体价值的实现。必须予以提醒甚至警醒的是,后世有一些学者可能对此有一定误解,或者是在运用或解释该理论之时,就想当然地将“社会利益”“社会价值”直接运用于其中。这种理解可能存在一定讹错,甚至可能是危险的。另外,在德国法的发展脉络上,突破传统契约自由理论而对劳动合同(也可准用于消费者合同)等进行讨论的法哲学基础也大抵就在此处。因此,后世对拉德布鲁赫的“社会法解释”的解释可能仍需反思以及探寻其理论的原貌。

第三节　星野英一:“人的再发现或复归的方向”

星野英一先生(以下简称星野氏或星野先生)的经典著作《私

法中的人》对"民法上的人"从哲学角度以及制定法角度进行了深邃分析,在亚洲乃至世界范围内都具有较大影响。星野氏的研究思路是"人"—"人格"(自然法)—"法律人格"。他立足于现代民法,并将其与近代民法相对比,全面、透彻地刻画出制定法上的"人"的形象,以及从法律技术而言,应当如何实现一种基于"身份复归"而需要进行的契约构造调整。他的研究传入中国,也对中国民法学术研究具有重要启发。与拉德布鲁赫相比,星野氏的研究在两个向度实现推进:一是他将"法律人格"经由权利能力中介而使其进入制定法的视阈;二是他将对"弱而愚的人"的发现认为是"人的再发现或复归的方向"。尽管星野氏的研究在今天看来仍有可待商榷之处,但是他在彼时世界私法学界的贡献仍可称为巨大以及产生深远影响。因此,研究星野氏毫无疑问能为人们提供一种思路甚至思考的起点。

一、法律人格

"法律人格"一词虽然看似在私法领域已成为基础共识概念,但是在日本法学界,其却存在一定争议。川岛武宜、田中耕太郎、森有正等学者都对此概念进行了争论,但基本上可以达成共识的是,所谓法律人格的"Personne""Person"既不是活着的人,也不是与国家关系中的市民,它只是意味着人的某个一定的侧面的概念而已。[1] 什么是"某个一定的侧面的概念"?星野氏此种看似结论式的定义反而让人疑惑。意欲了解其中精髓与应有之义,就先要了解一些背景问题。如星野先生在一篇访谈中所谈到的,"就

---

〔1〕 [日]星野英一:《私法中的人》,王闯译,中国法制出版社2004年版,第19~21页。

法律研究而言,更应该注重任何社会的存在,及其他们与法律之间的关系,所以,我考虑的是从各个角度出发,立体地刻画出民法的整体形象。可以说,我追求的并不是'作为科学的法学',而是'作为人间学的法学''作为人文学的法学'"。[1] 可见星野先生的研究更力主指向从各个角度进行论证,实现一种"人文"意义上的分析,而并非旨在仅实现科学式的精准。因此,这种"某个一定的侧面的概念"是星野氏运用排除的方式最终得出的具有一定指向同时又比较开放的结论。

星野氏等日本法学家在研究民法基本问题之时,他们虽然重要参考德国等欧洲哲学家和法学家的在先研究,但是他们更追求一种文化以及研究上的自主性,进行一种独立性的反思。他曾经在访谈中提到,"进入大学以后,特别是进入研究领域之后,我越来越感觉到日本民法的源流不应该在德国,而更应该在法国;因为西欧的文化中心不是德国而是法国"。[2]

他提到,《日本民法典》是"一揽子"继受了《法国民法典》。也就是说,它继受的是19世纪初制定的、以19世纪社会和经济体制为基础形成的民法典的基本理念(人权宣言所表现的自由和平等,以及所有权和人身的保护等内容)和法律技术。[3] 另外,对《日本民法典》的体系及法律技术影响巨大的《德国民法典》,尽管编纂时间大大晚于《法国民法典》,但其理念同样也是自由主义。因此,《日本民法典》尽管是制定于19世纪末,但其内容仍然

---

[1] 渠涛:《星野英一先生访谈录》,载《环球法律评论》2002年冬季号。

[2] 渠涛:《星野英一先生访谈录》,载《环球法律评论》2002年冬季号。

[3] [日]星野英一《日本民法典与民法影响》,载星野英一:《民法论集》(第1卷),有斐阁1970年版,转引自星野英一:《日本民法的100年》,载《环球法律评论》2001年秋季号。

是19世纪初的民法典。为此,《日本民法典》制定后不久,就要面对已经发展了的市场经济和自身存在的局限性以及弊端。为了使民法典能够对应现实社会的要求,立法所作出的努力主要见于以下两个方面:一方面,以各种财团抵押法等特别法的立法对应市场经济的发展;另一方面,以借地借家法等旨在直接保护弱者的所谓“社会法”的立法对应局限和弊端。其中后者体现的是,从自由向平等这样一种理念上的转变。笔者认为它的基础是“博爱和连带”。[1]

可见,尽管星野先生等日本法学家承认日本法对大陆法系典型国家德国、法国等法律继受的现实,但同时也在反思这种法律继受的效果与可能存在的问题。诚如奥地利著名法学家保尔·科沙克尔所提到的,外国法的继受并非是“质量问题”,而是“力量问题”。[2] 并在这种反思的基础上,他们更加强调日本法及法学理论的自主性。

星野先生又是如何定义“法律上的人”呢?在其《私法中的人》一书中写道,“法律上的人”,并非是指具有具体经验的人,与其说是一个蕴含着无限内容、具有某种细微差别的个性的具体经验的人,不如说是从社会法律生活的秩序这张布裁下的一小块布而已。[3] 同时星野先生也在限缩此种“法律上的人”的讨论范围以及现实样态,实现了一种基于“人格”基础而将法律上的人与民

---

〔1〕[日]星野英一:《日本民法的100年》,载《环球法律评论》2001年秋季号。

〔2〕[德]茨威格特、克茨:《比较法总论》(上),潘汉典、米健、高鸿钧、贺卫方译,中国法制出版社2017年版,第187页。

〔3〕[日]田中耕太郎:《作为法律学中“经济人”的商人》,载《松波先生还历(花甲)祝贺纪念论文集》,春秋社1964年版,第327页。转引自[日]星野英一:《私法中的人》,王闯译,中国法制出版社2004年版,第3页。

法上的人进行有效连接,并实现一种概念或内涵上的“沟通”。此处所谓“民法”上的人,系指近代以降的国家法,即由国家制定或者由国家的司法裁判所在某种意义上制定为法律的“民法”——大陆法系中的民法典——中的人,而不是在社会中现实地产生并发挥作用的法(埃利希等社会学家称之为“活法”)的民法。星野先生此种限缩与解释,恰使其研究在拉德布鲁赫等人的研究基础上进行了推进。

当我们将镜头从现代向前推向近代,“近代私法的特色首先在于承认所有的人的完全平等的法律‘人格’”。[1] 如德国学者古斯塔夫·博莫尔(Gustav Boehmer)所描述的人“乃是根植于启蒙时代、尽可能地自由且平等、既理性又利己的抽象的个人(abstrakte Einzelmensch),是兼容市民及商人的感受力的经济人(homo oeconomicus)”。[2] 对于此种“市民”与“个人”之间的关系,日本学者广中俊雄在谈到法律人像时认为,与其说所涉及的是“人像”,不如说涉及的是“市民法中的社会关系应有的状态”,“近代市民法中的人像”,一方面,与“前‘市民法’的——前近代法的人像”不同,是本身排除了上述“个人性要素”和“内在要求的”概念。但排除所谓个人的东西,是否为完全排除掉“市民性=人性”关系的概念,尚存疑问。[3] 无论何种讨论,学者基本都认为平等的、拥有法律人的人是自己的立法者,对他们而言,法律人格是自由的,可以根据自己的“意思”自由地制定个人相互间的法律,同时此种法律人格具有抽象性,即私法中的人就是作为被抽

---

〔1〕［日］星野英一:《私法中的人》,王闯译,中国法制出版社2004年版,第8页。

〔2〕Boehmer, Einfuhrung in das burgerliche Recht, 2. Aufl., 1965, S. 83,转引自［日］星野英一:《私法中的人》,王闯译,中国法制出版社2004年版,第7页。

〔3〕［日］星野英一:《私法中的人》,王闯译,中国法制出版社2004年版,第35~42页。

象掉各种能力和财力等的抽象的个人而存在。[1]

诚如上述星野先生力主将法哲学家们有关人格、法律人格等概念在民法中推进,同时他又在强调这些概念所应产生的基础性力量。“由于对所有的人的法律人格即权利能力的承认成为民法典的规定从而成为实定法上的原理,得到从法律实证主义的立场上的承认,故而其自然法的基础却逐渐被忘却了。”[2]因此,尽管星野先生在反思德国法、法国法等继受基础,但他也依旧秉持科学、严谨的研究态度,在法哲学家关于人、人格、法律人格等前序概念与在先研究成果的基础上,进一步将此种“对话”推进,让后世学者能够更好地理解其中的意蕴及未来的研究方向。

二、“抽象人格”vs“具象人格”

从哲学意义上讲,人的发展到底是怎样的发展?星野先生为何直接从“人格裂变”的角度探讨这个问题,一般人格如何走向具体人格?消费者保护作为一个近代法律发展的新命题,为何突破了传统的“法律人格”,突破了传统的“自我负责”,并且出现了语义表达上的“消费者+权利+保护”。比之传统的民事权利主体,基本上均会表达为自然人权利、法人权利或物权、债权、人格权等,基本上不存在“民事主体+权利+保护”此种表达。那么为何会出现这种多重含义错综复杂的固定词汇组合?这可能既体现了一种社会事实,同时又体现了一种法律上的对待态度。根据一般解释,之所以出现这种词汇组合,主要是人们更加关注传统法

〔1〕[日]星野英一:《私法中的人》,王闯译,中国法制出版社2004年版,第32~35页。

〔2〕Coing,Rechtsbegriff,S.73,转引自[日]星野英一:《私法中的人》,王闯译,中国法制出版社2004年版,第26页。

律系统、社会因素与经济因素之外,又出现了额外的对传统的社会因素与经济因素的更新或冲击,而必须由分离于民事制度之外的其他制度予以规制,也突破了民事主体在民事社会关系中的相对关系或以物权为典型的绝对关系。

从法律人格意义上而言,抽象人格向具象人格的转换,主要是因为存在“差异”,此种差异是基于一种抽象意义上的平等与现实中的不平等。例如,在罗马法时代,在合同及准合同关系中,同样会运用善良家父标准来作出判断。[1] 法律的保护对象是不平等的具体的人,这种不平等最清楚地表现在雇佣契约里,同时,虽然谈不上当事人哪一方在经济上、社会上更强的问题,但会存在这样的场合即由于契约标的物供求关系的不平衡而使一方当事人处于社会经济的劣势,结果出现契约内容的不合理而对一方当事人相当苛刻。用于住宅建设的土地租赁合同、住宅租赁,以及以消费金融为目的的消费借贷就是这种场合。再次就是关于大量的生产生活物资如商品住宅、家具等居住用品、罐头及其他食品等,在买主即所谓的消费者、卖主以及在更多场合并非直接卖主的大企业之间,关于标的物状况、商品品质等存在显著的信息掌握上的不平衡,其结果是消费者经常处于一种极为不利的地位。从正面处理这种状况,出现了一些从各个方面规制这种不平衡的法律,在这些法律中(在信息方面)有差异的人按照它的原样对待。这就是被称为“消费者的具体人格”的原因。[2]

星野先生也曾论述到,在有关大量生产出来的物资,如商品

[1] Barry Nicholas, *An Introduction to Roman Law*, Oxford Clarendon Press, 1996, p. 228.

[2] [日]星野英一:《私法中的人》,王闯译,中国法制出版社 2004 年版,第 69 ~ 70 页。

房和家具等居住用品、罐头等食品、服装、日用医药、学习用品等的销售中,其买主即所谓的消费者和卖主,很多时候不是直接的卖主而是生产的大企业,在对于目的物的形状、质量等信息的认识上有很大的差距,其结果往往使消费者处于极为不利的地位。为此,接二连三地出现了从正面抓住这些情况,对这种方面加以规定的法律,对于有关信息上,有差异的人按照其差异进行处置,被称为"消费者的具体人格"。概括上述关系,即承认存在社会上、经济上的强者和弱者,由此控制强者,保护弱者,但是,在自给自足经济消失、人的生产活动和消费活动被分离的时代,某个方面是强者甚至处于其立场因此被限制其自由的人,也有可能在其他方面作为弱者而受到保护,处于错综复杂关系的并不少。作为个人企业家或者是股份有限公司的总经理对于劳务者来说是处于强者的地位,但即使是这样的某种物质的生产者乃至总经理之类的处于强者立场的人,作为其他物质的消费者也是被保护的对象。根据以上解释,可以说时代已发生变化,即将人作为自由行动的立法者、平等的法的人格、把人抽象化了的时代,转变成了直接承认人在各方面的不平等和由此产生的富者的自由、穷人和弱者的不自由;提出与其适应社会上、经济上的立场或职业的差异,不如抓住具体的人,保护弱者的社会。[1] 这种在现代法中被特别对待的"具体的人"与近代法中的"人格"相较而言,此处强者是作为拟制的对象来对待的,其目的是保护弱者。因此,星野氏的思路也仍固守体系,在一种体系内解释平等、抽象、不平等和具体之间的关系,这不仅不会增加人们的思维负担,反而使人们更加

---

〔1〕［日］星野英一:《现代民法基本问题》,段匡、杨永庄译,上海三联书店 2015 年版,第 84 页。

理解如何从抽象走向具体、从一般走向特别,同时,也为人们提供了一种制度构造与延伸的路径——契约。诚如有学者直截了当地提出,“具体人格”的登场是就合同法而言的。在这一领域,甚至还出现了“从契约到身份”的“返祖现象”。[1] 当然,此处的“从契约到身份”,并非梅因时代“从身份到契约”的“反向回流”,而是一种基于“人格具象化”路径而产生的需要法律特别对待的主体。

三、“弱而愚”vs“强而智”

如星野先生所言,民法上对人的对待向现代法变迁,可以作如下概括:首先是“从对所有的人的完全平等的法律人格的承认到承认人格权”这一转变,“法律人格”发生了“从自由的立法者向法律的保护对象”“从法律人格的平等向不平等的人”“从抽象的法律人格向具体的人”的转变,在其背后则是“从理性的、意思表示强而智的人向弱而愚的人”的转变。[2] 此一系列转变主要是与经济、社会变化紧密相连,同时“国家理念向福祉国家转变。这种转变意味着民法理念中‘平等’思想的长足进步。一方面,社会保障制度和劳动法律制度的确立,明显地扩大了民法典周边的‘社会法’领域”。[3]

无论是拉德布鲁赫还是星野英一,都发现了“社会法”这一问题,但是似乎二者在对社会法的意蕴及最终目标的理解上有所不同,拉德布鲁赫仍然主张即便是“社会法解释”路径,最终仍要实

---

〔1〕 谢鸿飞:《现代民法中的“人”》,载《北大法律评论》2000 年第 2 期。

〔2〕 [日]星野英一:《私法中的人》,王闯译,中国法制出版社 2004 年版,第 50 页。

〔3〕 [日]星野英一:《日本民法的 100 年》,载《环球法律评论》2001 年秋季号。

现的是“个人价值”,是“个体价值”;而星野先生此种更多的是意味着基于“福祉国家”而给弱者或消费者一种“福利”,但是对“个人价值”却并未提及,这一点与西方哲学家所认知的个人价值存在差异。

这种在现代法中被特别对待的“具体的人”与近代法中的“人格”相较而言,如前所述,是“弱”的人,同时并不仅仅限于在大企业的关系上无可奈何地处于弱小地位的人,且还有如果稍微冷静地考虑一下就不会做,却被对方的花言巧语所蒙骗而进行交易的人等,他们是“愚的人”。[1] 如果按照星野氏有关法律人格理论推论,这意味着将“法律人格”加以区分并不平等地对待他们。因此,对企业的法律上的不同处理,就是认为法人在法律人格中是特殊的存在。这还揭示了近代法变化的概念,即不仅使“法律人格”本身,而且还使在其背后的社会实体的处理发生了变化。这样,可以说现代民法直率地盯准了由于将弱者作为强者处理而产生的痛苦和烦恼,并正在对此采取相应的对策。[2] 此种基于社会变化的认识以及在制定法中的认可,星野先生认为,人们已经将人作为自由行动的立法者、平等的法律人格即权利能力者抽象地加以把握的时代,转变为坦率地承认人在各方面的不平等及其结果所产生的某种人享有富者的自由而另一种人遭受穷人、弱者的不自由、根据社会的经济的地位以及职业的差异把握更加具体的人、对弱者加以保护的时代。[3] 星野先生的研究坐标系为社会事实与法律文本之间的关系,并且仍然是从强大企业(或法人)单向

---

〔1〕 [日]星野英一:《私法中的人》,王闯译,中国法制出版社 2004 年版,第 75 ~ 77 页。
〔2〕 [日]星野英一:《私法中的人》,王闯译,中国法制出版社 2004 年版,第 79 ~ 80 页。
〔3〕 [日]星野英一:《私法中的人》,王闯译,中国法制出版社 2004 年版,第 71 ~ 72 页。

度考察消费者的能力和法律地位。建基在现代社会中,在企业或者经营者与消费者之间的关系中,法律作为基本的调整社会关系的方式,并且以法律规则的在先预设校正为前提。同时,对此种实力悬殊的主体之间的关系由占据主导地位和主要地位的法律进行调整。

星野先生发现了国家的变化与社会之更迭,以及认识到此种外力对个体产生不平等,这种关系可能就类似于马尔库塞所说的社会之于个体的“单向度社会”以及单向度作用的关系,在此基础之上,星野氏又进一步回到“人”这一个体,探讨其本身的特征。他认为,民法中的人于其背后,发生了从将人作为理性的、有意思的、强而智的存在的把握方法,向以弱而愚的存在为中心去把握的方向的转换。这样,作为属于人的权利,人格权得到强调,不是一切人均平等地对待,而是向保护弱者、愚者的方向大大地前进了。这种倾向一言以蔽之,也可以成为民法中的“人的再发现或复归的方向”。[1]

于此,可能星野先生与拉德布鲁赫的思想又似乎存在一定分歧。拉德布鲁赫在谈到人的自我价值实现之时,是与哲学上的人的自由全面发展、自我价值实现的价值取向和理念相近或者相似的,因此拉德布鲁赫从未就此进行过解释或者延伸论证。但是星野氏的思想却是在社会之于个体的基础之上,进一步对“人”进行了评价,当然,人们可以理解,星野氏所谓“弱而愚”者,是一种预设、一种假设,以及更多地旨在探讨不考虑人之本身,是否是“理性人”在所不问。但是这可能又与消费者法本身的产生过程可能

〔1〕[日]星野英一:《私法中的人》,王闯译,中国法制出版社2004年版,第82页。

存在一定抵牾，消费者法是在社会发展、消费者在自发、自觉地进行消费者运动过程中而产生的，消费者实际上是经历了“弱而愚”的个体到“强而智”的集体或群体的过程，虽然我们理解，星野先生可能意在探讨制定法本身预设的价值目标，但如果更深入思考，可能此种价值预设又与消费者之于人的价值实现、人的发展存在一定矛盾。诚如笔者此前分别在前几章所谈到的，大陆法系与英美法系在对消费者“人像”的勾画上，本身就存在差异，因此，我们只能是在大陆法系的框架下理解星野氏的判断，以及这可能是消费者法理论的一个发展阶段或者是一个横断面，而非定论。

诚如星野氏自己所认识到的，“今天的情况比以往更为复杂，足以促使民法典相关立法的思想和力量形成了一个复杂的涡流。尤其需要注意的是，从经济全球化的角度看，需要主张‘缓和规制’，但这样又会反过来削弱对弱者的保护”。“在消费者契约中也同样可以看到对消费者保护力度的不足。”“这里，一是要重视依据连带的理念加强对弱者权利的保护；一是要重视将理念的重点向‘平等’转移。”[1]就这一点来看，制定法似乎并没有与理论界相一致，而是走向另一端。

在星野先生的母国，日本1968年《消费者保护基本法》于2004年修改为《消费者基本法》。此种变化的最重要之处在于不再将消费者作为弱势主体看待，而是“为了使消费者能够自主且合理地行动，将支援消费者的自立作为基本任务”（第2条第1款）。消费者政策从对消费者的保护转向支援消费者自立，从而发生了根本性的改变。因为1968年《消费者保护基本法》的立法

---

〔1〕［日］星野英一：《日本民法的100年》，载《环球法律评论》2001年秋季号。

观念在于消费者是行政保护对象,规定有关“维护及促进消费者利益”的国家、地方公共团体以及经营者的责任和义务,保护的结果则反射性地维护消费者的利益。[1] 诚如前面所谈到的,“消费者+(权利)+保护”此种语词的组合就足见社会之于个体、法律之于个体的力量,而删除“保护”,直接规定消费者的基本权利,个中缘由与应有之义并非我们所想象得如此简单,有关保护可能带来的负面影响在前述探讨美国消费者法之时已有所论及。故此,此种祛除外力可能是为了符合全球“缓和规制”的趋势,而更可能的是消费者自身正在向人之发展、向自身能力增长寻求力量,人们还不能简单断言就是“缓和规制”所带来的消极后果。

毫无疑问,星野氏流传于世的“人的再发现或复归的方向”,他的答案似乎是“人”的本质需要再发现,可能是一种“弱而愚”的“人像”,但此答案又似是而非,与其说星野氏给后世留下一个答案或结论,不如说他提出了一个开放式的命题,让人们不断去探寻“人的再发现”,甚至“人的再(再)发现”,甚或更多的“发现”,这一切只能留给变动不居的社会和不断追求个人价值实现的人类自身去寻找答案。

---

〔1〕［日］井上匡子、［日］町村泰贵、［日］今井弘道、赵莉:《法哲学观点看日本消费者问题及立法之解决》,载《金陵法律评论》2007年秋季卷。

第六章　代结语:文本反诘与实践进路

第一节　一般法功能的再激发

本书行至最后一章,却仍留有若干疑问,这可能更多源于中国消费者法的“星星之火”能否燎原的焦虑与踌躇。任何国家都不存在完美的“法律文本”与“文本体系”,中国也不例外,而中国消费者法更无法称为完美。如同前述所言,中国消费者法的问题可能更是超越法律文本而应向实践维度寻求解决路径与方案。

中国消费者法的法律文本于20世纪90年代初制定,于2013年修订。从消费者权利、经营者义务、消费者合同以及其间所围绕的各种概念创设与规则探讨,涉及多角度与诸方面,但是相对而言,文本比较固定。而立法机关对消费者法的态度基本上是保持一种文本形式意义上的相对稳定性,既不会像德国,对“消费者”这一主体在修法或相关法律变革之际考虑再进入民法典；同时也不会像美国，将其作为一种时刻保持动态的社会现象而不断加以应对，而法律常因社会因素而受影响甚至被主导。

中国消费者法的问题不在于其是特别法，而在于其更类似于“管制法”，如对于消费者与经营者之间的关系，应从双方关系之不同向度调整，如若过多以“管制”方式调整，则并非是一种良性的“消费者—经营者”二元关系。从近年来官方一直认为比较强力的食品安全管制可见一斑，尽管在管制，却仍存很多难以解决的问题与难以逾越的障碍。同时，对于一些所谓的类似于社会权利领域，如组织维权组织权、监督权等，这些权利本无须在消费者法中规定。因此，法律文本意义上的权利的“形式膨胀”，似乎并不能解决中国消费者法的根本与实质问题，更加集中地关注消费者的信息对称、公平交易或更为有益。

中国消费者合同法的问题也大致同理。当《消费者权益保护法》第 55 条中的“欺诈”认定被简化甚至被无视，该条文在教义学上的意义就被无限削减，回归到民法一般意义上对“欺诈”的认定，可能会使“惩罚性赔偿”“职业打假人”制度更加被稳定对待，而不至于完全被政策导向或社会效应所影响或者被架空。同时，格式合同在合同法、消费者法、保险法等几个不同法律规定之间的规制，更应回到格式合同在一般法意义上的解释与对待，从而应对在数字经济时代可能突破传统消费交易的各种新问题。

中国消费者法的理论研究也仍应回到更加注重一般法。也许是由于思维惯性，人们认为“特别对待”就必须配以“特别法”或“特殊概念”。这也就是几年前甚嚣尘上的“金融消费者”概念，如今也基本不太被提及。因为其中的理念基础、法律脉络、主体发展基本都无法在理论上得到自洽解释,也无法在实践中找到依据。因此,回归到一般法的理念、架构、体系、概念、解释是中国消费者法所忽略的,但也恰恰是最为急需的。

第二节　消费者保护社会共治

消费者保护事关民生之本,是当下中国所面临的重大社会问题和法治问题之一。社会主义市场经济建立以来,中国一直致力于实现消费者保护并完善相关法律文本。但从多年实践来看,如何对消费者实现充分保护始终是一个棘手难题。为了应对新时代的消费者保护难题,消费者法在不断完善与回应,其中值得称道的是社会共治原则。社会共治,实际上并非一个学术概念,而是学术上的"治理"这一概念在政策层面的表达。近些年对消费者保护特别强调应当突破传统的"一元治理"模式,实现多元社会共治,这也是我国社会实践的要求与制度创新。

如英国学者格里·斯托克(Gerry Stoker)在其《作为理论的治理:五个论点》一文中提到,治理不在于政府下命令或运用其权威,政府可以动用新工具和技术来控制和指引。治理与传统社会管理最本质的差异就在于,在传统社会管理中,非政府组织、企事业单位及公民个人是管理的客体,管理的主体是唯一的,就是政府。但是在治理中,前述客体变客为主,成为与政府平等的治理主体。在传统社会管理中,政府和管理客体之间是管理与被管理的单向度关系,政府通过不断强化自身权力,依靠自上而下的行政手段,通过管、控、压、罚实施对客体的管理。而在治理中,各治理主体地位平等、各司其职，为了共同的社会利益，通过协商对话取得共识、达成善治。[1] 例如，以食品安全领域为例，由于现实中将政府监管部门与食品生产经营企业的关系定格为“管”与“被管”的对立关系，[2]因而忽视和违背了食品首先是生产出来的，应当主要依靠生产经营者自身的质量安全控制来进行保障的基本规律。[3]

一、消费者保护社会共治的法律表达

以法治为基础的多元主体共同治理是我国社会治理实践探索的经验总结，李克强总理在 2014 年《政府工作报告》中首次提出，“推进社会治理创新。注重运用法治方式，实行多元主体共同治理”。从表 6－1 可见，在消费者保护领域，该原则在 1993 年《消费者权益保护法》之中就已规定，分别体现在第 5、6、26～33 条，2013 年《消费者权益保护法》修改之时再次予以强调。2016 年 8 月，国家工商行政管理总局代国务院起草了《消费者权益保护法实施条例（征求意见稿）》并向社会公布，其中第 3～5 条以及第 40～49 条，围绕社会共治原则，多层面、多角度进行阐释，包括主体体系、行为体系和责任体系等，通过明确“保护消费者的合法权益是全社会的共同责任”，以实现“政府—经营者—社会”的消费者保护共治格局。

---

〔1〕 高祖林：《政府主导下的官民共治：我国社会管理模式的转型方向》，载《马克思主义与现实》2012 年第 6 期。

〔2〕 丁煌、孙文：《从行政监管到社会共治：食品安全监管的体制突破——基于网络分析的视角》，载《江苏行政学院学报》2014 年第 1 期。

〔3〕 邓刚宏：《构建食品安全社会共治模式的法治逻辑与路径》，载《南京社会科学》2015 年第 2 期。

表 6－1　社会共治原则在现行法中的规定

法律法规	相关条文
《消费者权益保护法》(1993 年)	第一章　总则(第 5、6 条)
	第四章　国家对消费者合法权益的保护(第 26～30 条)
	第五章　消费者组织(第 31～33 条)
《消费者权益保护法》(2013 年)	第一章　总则(第 5、6 条)
	第四章　国家对消费者合法权益的保护(第 30～35 条)
	第五章　消费者组织(第 36～38 条)
《消费者权益保护法实施条例(征求意见稿)》(2016 年)	第一章　总则(第 3～5 条)
	第四章　消费者权益的行政保护(第 40～43 条)
	第五章　消费者权益的社会保护(第 44～49 条)

从历次法律文本中社会共治原则所在章目的名称来看,《消费者权益保护法实施条例(征求意见稿)》突破了以往仅仅以"消费者组织"为社会力量的看法,而着重以对消费者的"行政保护"和"社会保护"为两翼实现共治格局,这可谓是官方对社会力量的一种再认识与再解读。

概括地理解消费者保护的社会共治并无难度,即各级人民政府及有关部门、消费者组织、行业组织和大众传媒是共治主体,共同发挥作用,形成共治格局,消费者保护目标可期实现。但值得关注的是,社会共治原则在 1993 年的法律文本中就已规定,但是一直以来并没有被特别强调,直至 2014 年之后,其才又被重点强调。究其性质,其并非一般意义上的宣誓性或原则性的条款,而是需要落实与实施的条款。毋庸置疑,消费者保护是一个社会系统工程,市场、政府、消费者与社会之间存在利益博弈,作为系统工程,任何一环出现问题,就可能无法实现消费者保护的目标。

因此,社会共治意在激活每一个环节,对其强调实施与落实将成为应对消费者保护难题的新进路。

二、社会共治原则的法治成因

社会共治虽来自政策层面,但将该政策予以规则化与法治化也具有必然性。从中国消费者保护法自身的发展实践来看,《消费者权益保护法》制定之时所依赖的公权规制路径日渐式微,消费者权利在实践中也难以实现,经营者往往并不履行义务,又缺乏监管,其他社会主体包括社会监督主体的作用并未被激活,这使得社会共治的再强调具有必要性。

(一)传统"管制法"的失灵

中国消费者权益保护法自产生之初就与西方发达国家的消费者法的路径不同,欧美国家消费者法的产生是建立在私权已然充分发展、私主体具有充分的权利意识的基础上,而中国消费者法产生在私主体并未充分发育、私权并未得到充分发展的背景下,法律规则多是遵循"管制法"的路径,以行政管理为基本手段,保障消费者权益。中国对消费者的保护也历史性地形成了对公权力管制的路径依赖,然而近三十年的实践表明,保护效果并不尽如人意。实际上,当下的此种困境,国家应当从微观琐碎、低效失灵的治理中抽身出来,重新审视是否应当回归"元治理",即"治理的治理",安排国家、市场与社会等治理力量进行安排,重新协调各方行动。

一方面,近年来在与市场经济相关领域中,以政府为代表的"一元治理"模式已经呈现出"内卷化"趋势,即内部不断扩张和精细化，但却并未带来治理绩效的明显改善。[1]

另一方面，近些年发生诸多侵害消费者权益的事件，导致公众对公权力并不信任，公众参与度低，消费者往往被排斥在立法、执法与社会监督之外。同时，除具有半官方性质的消费者组织之外，其他的社会组织几乎没有任何培育，官方与消费者之间缺乏一定的缓冲地带。这些使得在公法主导的治理模式失灵的情况下，寻求其他主体或机制的参与和激活成为必然要求。

（二）消费者权利落空与经营者义务泛化

中国作为经济后发和法治后发的国家，法律文本通常可以借鉴西方发达国家，因此立法技术和法律规则在形式上并不落后，消费者法也不例外。但是往往在法律文本与预期效果之间却现实地存在一个难以逾越的鸿沟——法律实施。因此，与其说中国的消费者保护是一个法律不断完善的过程，不如说归根结底还是一个法律实施的问题。

以大陆法系典型代表德国法为例，德国的消费者法是在民法发展的基础上走向中立与分离，消费者主体的产生建立在自然人主体理论的基础上，权利建构基础仍然是请求权理论，而对消费者的保护首先是从消费者合同规制发轫的。将中国的消费者法与民法法律体系发展相对比，《消费者权益保护法》产生于1993年，而一系列重要的民法规范如合同法等均在其之后制定，消费者法事实上并非是从民法中分离，而是遵循了“管制法”的路径。消费者的九大权利在1993年《消费者权益保护法》中确立，2013

---

[1] 刘飞、孙中伟：《食品安全社会共治：何以可能与何以可为》，载《江海学刊》2015年第3期。

年修法之时再次重申和加强这些权利,但是这些权利在实践中却往往无法得到保护。

消费者法中的另一重要主体——经营者也存在较多问题。首先,经营者信用缺失和缺乏契约精神,已然成为当下市场经济中的普遍现象,经营者义务的不履行往往导致消费者权利实现落空。其次,经营者义务泛化,成文法仅仅规定了一些过于原则化的义务,导致司法实践中对经营者的行为认定存在困难。例如,实践中欺诈行为的认定标准就较难把握,消费者举证困难,导致消费者权利无法得到较好保护。

(三)社会其他主体元素未被激活

“社会共治”并不意味着要无限扩大参与主体,而是尽可能地激发并未发挥应有作用的法律制度的功能,激活应当参与消费者保护的相关主体,这样才能使“社会共治”成为可能并具有可行性。根据消费者保护实践,应当积极发挥作用的主体包括消费者、经营者、政府、消费者组织(包括消费者协会、消费者委员会、消费者权益保护委员会等)、行业组织(包括行业协会和商会等)、大众传媒等。消费者组织、行业组织和大众传媒等作为重要的社会力量,在此前很长时期都并未充分发挥作用,因此也使社会共治成为必要。

三、消费者保护社会共治的实践进路

社会共治在于倾全社会之力以面对共同的难题,但也可能会产生多个主体相互推诿和主体之间责任不明确的现象,从而使社会共治可能陷入实施“落空”的窠臼。诚如前述,社会共治原则在消费者保护法律系统中并非仅具有宣示意义,而重在实施。

(一)经营者义务的细化与履行

消费者和经营者是社会共治的核心和基础主体。事实上,相较于创设新制度或新模式,加强现有法律规则的细化和实施则成本更低,也相对更加容易取得预期效果。在《消费者权益保护法实施条例(征求意见稿)》中,经营者的义务以列举、有针对性的方式对传统行业以及新兴行业进行明确规定,如供水及供电等公用行业、航空及铁路等运输服务行业、金融服务业、装修行业、快递服务业、餐饮行业、物业服务、生活美容服务、维修行业、非义务教育的培训服务、中介服务等,针对交易中的特殊情形,包括附赠商业或服务、商业特许经营、预收款经营者、网络交易平台经营者和市场及场地出租方等。当然,法律文本上的义务更要注重实施履行,如此才能充分保护消费者。

(二)政府治理的落实到位

在消费者保护法中,政府的地位相较经营者而言虽然是第二位的,但其监管的落实到位无疑是保障消费者权益的重要盾牌之一。无论是《消费者权益保护法》还是《消费者权益保护法实施条例(征求意见稿)》,都在反复强调国家对消费者权益的行政保护,包括研究、制定消费者合法权益保护的措施,推进商品和服务业标准化建设,规范市场秩序,开展消费者教育等。从过往的实践来看,政府治理虽然在推进,但自身职责落实也并未完全到位,因此,社会共治也同时要实现"内化",每个主体都应当落实自身职责、自身义务的完全履行才是共治的基础。

(三)社会力量的充分发挥

消费者协会作为最重要与最核心的社会力量,其在中国近年来的消费者保护中起到了重要作用,但消费者协会也并未实现预期作用。虽然目前并无相关执法检查报告或具体数据显示社会共治条款的实施情况,但在 2013 年 4 月全国人大常委会发布的《消费者权益保护法修正案(草案)条文及草案说明》中重点提到应当进一步发挥消费者协会的作用以及明确行政部门的监管职责;2015 年 11 月全国人大常委会发布的《全国人民代表大会常务委员会执法检查组关于检查〈中华人民共和国消费者权益保护法〉实施情况的报告》中也重点提到消协组织的作用发挥不够,由此可在一定程度上推断,作为重要社会力量的消费者协会在过往的二十多年间可能并没有比较到位地发挥作用,更遑论其他社会主体的作用发挥。可见,社会力量以及社会共治原则基本上仍处于一种实施乏力甚至落空的状态。

消费者法及相关法律法规中均对消费者协会的公益性职责予以强调,尤其是应当力担公益诉讼的重任,最高人民法院也于 2016 年 4 月公布了消费民事公益诉讼案件的司法解释,这对消费者权益的实现起到了重要的保驾护航作用。同时,行业协会、商会等社会组织也是规范经营者行为的重要力量,只有经营者行为得到良好规范,消费者的权利才能实现。比较重要的是,大众传媒在近些年成为消费者保护与维权的重要途径,在社会共治中,大众传媒更要充分发挥作用,正确引导消费者,做好舆论监督。

考虑到风险社会与社会原子化危机所引致的个体与公共世界的疏离、规范失灵与社会水准下降等以及社会系统的复杂性与不确定性,消费者权益保护社会共治可能暂时失灵,国家不应将社会共治仅仅作为一种缓解当下失灵的权宜之计,而应当将市场与社会作为平等的合作伙伴,不断摸索机制体制创新,在动态协调中推动消费者保护的有效治理。国家的释放与再造是食品安全社会共治的前提。没有国家向社会的释放,社会就会陷入孤立的原子化状态而毫无力量可言,国家向社会组织松绑的过程也是激活社会的过程。当与食品安全治理相关的社会组织成功运作起来,吸引更多公民参与到公共事务治理中且孕育出“公共性”时,社会便成长起来。[1]

第三节 “强而智”的“人像”重塑方向

如果仅从现代法律这一历史的“横断面”着眼,拉德布鲁赫在发现社会法之时,其仍然主张社会法之最终目标是“个体价值”实现,这也与法律之基本价值相契合。但是,移步至日本学者对现代民法与现代法的理解之时,他们似乎将重心就转移到社会公益或社会价值之实现上,这可能与法哲学家们的初衷有所背离。因此,大陆法系近年来主宰“消费者法”主旋律的主要是“弱而愚”的消费者主体定位,行政权力要不断加码,才能保护好消费者。但是这无论从消费者法的实质出发,还是从各国对消费者法的法律实践来看,此种行政权力的再强调都似乎难当其任,似难再成为主流。

---

〔1〕 刘飞、孙中伟:《食品安全社会共治:何以可能与何以可为》,载《江海学刊》2015 年第 3 期。

同时，私法本身也要自省。自从现代民法上确立了消费者法的特别民法身份、消费者法律保护规则的特殊性等法律判断之后，各种不考虑“体系”的“碎片化规则”便不断涌入，欧盟消费者保护指令对欧盟各国法律的“侵入”可见一斑，重新认识“消费者”的本质及其在两大法系下的殊异，重新挖掘消费者合同的体系化，运用“规则”而非“身份”去调整消费者、经营者与国家之间的关系，似乎更具科学性，也更符合人们的理性判断与需要。中国的消费者法发展至今，似乎有时有动力，有时又很乏力，对消费者“弱而愚”的定位似乎与中国“强国家”的“管制法”需求恰好相合，但此种相合只是“单向度”的，只是符合了国家对消费者法的管制需求，而忽视了消费者法自身的体系化与科学化构造。同时，此种“管制”也在社会不断发展的过程中遭遇“瓶颈”，“社会共治”被不断强调，但如何“共治”与实施路径又变成另一个“瓶颈”。

故此，重新发现“消费者”之“人”之本质，对消费者法的一般法与消费者组织等的再激发，可能是消费者与消费者法再发展的基础与基本方向。如果人类社会谋求发展，“人”必将越来越富有智慧，人的经验也将越来越丰富，而如果在现代还停留于20世纪中期的“弱而愚”的“人像”，寄希望于“行政权力”的“外力保护”，裹足于“管制”，那可能消费者本身的发展将落后于经济与社会的发展。重塑“强而智”的消费者“人像”何尝不是消费者心底的“呐喊”，何尝不是一种人类发展的方向？

附录：消费者维权问卷调查表[1]

随着市场经济的不断发展，消费水平日益增长，消费者权益保护成为目前不容忽视的一大难题。本问卷旨在推动消费者维权意识的培养以及维权方式的推广，本着“科学研究探索，保护个人隐私”的宗旨，最终分析结果仅作为调查研究的参考，不会以任何形式个别呈现，所以请您放心填答，确保信息的真实可靠性。

本问卷包含单选、多选和排序题，预计填写时间为五分钟，请按照要求进行填写。

一、基本情况

此栏下方共有四道题目，均为单选题，请按照您的个人情况如实填写，谢谢合作。

1. 您的性别是[单选题][必答题]　（　　）

○A. 男　○B. 女

2. 您的年龄[单选题][必答题]　（　　）

○A. 17 ~ 26 岁　○B. 27 ~ 36 岁

---

〔1〕 本调查问卷转引自周茜：《知假买假与惩罚性赔偿》，中国社会科学院 2018 级硕士学位论文。

○C. 37~46 岁　　○D. 47 岁以上

3. 您正在攻读或已获得的最高学位[单选题][必答题]　（　）

○A. 本科以下　　○B. 本科

○C. 硕士　　○D. 博士及以上

4. 您的职业(专业)是[单选题][必答题]　（　）

○A. 已经参加工作　　○B. 在读学生

5. 法律相关知识储备类型[单选题][必答题]　（　）

○A. 专业型:专业的系统学习或从事法律相关工作

○B. 常识型:耳濡目染并具有一定的日常积累

○C. 小白型:未特别关注,不甚了解

二. 维权意识

6. 您通过何种途径获取维权知识[多选题][必答题]　（　）

□A. 学校课堂教育

□B. 留意电视、报纸、报纸

□C. 从事相关工作

□D. 遭遇侵权后特意咨询专业人士

□E. 其他____________________

7. 您认为影响您采取维权行为的因素是[多选题][必答题]　（　）

□A. 本人的意识和对维权的认识程度

□C. 家长、教师、朋友同学等他人的态度

□D. 维权事件的难易程度

□E. 对维权后可能会带来负面影响度

□F. 其他____________________

8. 您购物时会关注产品的哪几个方面[排序题,请在中括号内依次填入数字][必答题]　（　）

[　]A. 产品包装

[ ]B. 商品价格

[ ]C. 商品保质期

[ ]D. 商品品牌

[ ]E. 其他

9. 您是否有保留消费证据的习惯[多选题][必答题] ( )

□A. 购物小票和产品包装都会保留,并且会主动索要票据

□B. 很少主动索要,也不保留票据

□C. 大件商品会留有票据,小物件不开票据

□D. 会接受销售者以提供优惠取代发票的条件

10. 当您的消费者权益受到轻度损害时,您的想法是[单选题][必答题] ( )

○A. 对于自身权益范围和维护手段并不清楚,很多时候并不知道权利已遭到侵害

○B. 想到用法律维权,但力不从心,认为花费人力物力来解决不值得从而放弃

○C. 采用法律和商家理论维护自己权益,但不会采取进一步行动

○D. 采用多种合法的方式和商家斗争到底,直到自己的利益得到维护

11. 您会选择的维权手段是[多选题][必答题] ( )

□A. 与商家协商解决

□B. 联系厂家客服或者拨打"12305"投诉

□C. 利用自媒体或求助于媒体曝光

□D. 向有关部门申诉、举报、提请仲裁或提起诉讼

12. 您是否有过维权成功的事例[单选题][必答题] ( )

○A. 有。请您简要描述维权过程________________

○B. 无。(请跳至第 14 题)

13. 您认为维权成功的经历对于再次选择该店购物的影响是[单选题][必答题] ( )

○A. 就事论事,不会产生任何影响

○B. 激励我在同等条件下选择该店,因维权有保障

○C. 前车之鉴后事之师,虽维权成功但也不会再次购买

14. 您认为未维权成功的原因是[多选题][必答题]　( )

□A. 维权过程烦琐

□B. 维权成本太高

□C. 维权渠道太少

□D. 维权效果太差

□E. 其他____________________

15.《食品安全法》第148条第2款:生产不符合食品安全标准的食品,或者销售明知是不符合食品安全标准的食品,消费者除要求赔偿损失外,还可以向生产者或者销售者要求支付价款十倍的赔偿金。

(1)在此之前是否了解过此条文?[单选题][必答题]　( )

○A. 从未听说

○B. 知道但不知如何应用

○C. 知道并且应用

(2)根据该法条,如果您在商场发现了过期食品您会怎么做?[单选题][必答题]　( )

○A. 告知商家并要求及时下架(请跳至第18题)

○B. 购买一包或者多包并索要十倍赔偿

○C. 如果没有购买此类商品的需求,就当做没看见(请跳至第18题)

○D. 向工商行政部门举报。请填写一到两种举报方式(请跳至第18题)________________

○E. 其他(请跳至第18题)____________________

(3)您的目的是[单选题][必答题]　( )

○A. 更旨在获利:合理利用法律权益获取十倍赔偿金

○B. 更旨在制裁:利用法律手段惩罚商家

(4)根据该法条,如果您购买了过期食品您会怎么做?[多选题][必答题] ( )

□A. 商家道歉态度诚恳,讨回公道即可

□B. 商家同意退换并下架相应商品即可

□C. 退换基础上提出十倍索赔要求并留存合理的协商空间

□D. 大量回购以此增加赔偿金额

□E. 扩散消息动员大家购买以此增加整体索赔额度惩戒商家

□F. 向工商行政部门举报。请填写一到两种举报方式。

____

(5)您认为“十倍赔偿金”的作用是[多选题][必答题] ( )

□A. 不良商家自食恶果的惩罚

□B. 消费者正当权益受损的补偿

□C. 扰乱市场秩序,职业打假风气的垫脚石

□D. 并不是很了解其中原理

16.《消费者权益保护法》第55条第1款:经营者提供商品或者服务有欺诈行为的,应当按照消费者的要求增加赔偿其受到的损失,增加赔偿的金额为消费者购买商品的价款或者接受服务的费用的三倍;增加赔偿的金额不足五百元的,为五百元。法律另有规定的,依照其规定。请根据该法条回答下列问题:

(1)您在什么条件下会去验证商品的真假性[单选题][必答题]

( )

○A. 几乎没有这种意识以及验证行为

○B. 商品来源存疑时(赠与、网购、代购)(请跳至第22题)

○C. 均会采取一定的验证方式力保权益(请跳至第22题)

○D. 其他____________________

(2)几乎不验证真伪的原因是[多选题][必答题] ( )

□A. 假货泛滥的无奈

□B. 无关紧要的小物件真假性不是很重要

□C. 对来源的信任(赠与人人品、代购商誉过硬)

□D. 验证渠道匮乏,力不从心

□E. 其他____________________

(3)日常检验真伪采取的方式种类[多选题][必答题]　　(　　)

□A. 高手在民间。借助网络方式求大神鉴定

□B. 专业机构鉴定

□C. 品牌鉴定经验。通过扫码、观察包装等方式鉴别

□D. 其他____________________

17. 您如何看待职业打假人(以买假索赔为目的,呈现组织化、公司化趋势的群体)?[多选题][必答题]　　(　　)

□A. 抑制制假售假行为,制衡经营者谋取不法利益

□B. 弥补政府监管资源和能力不足

□C. 净化市场环境

□D. 利用法律武器谋取私利

□E. 浪费行政、司法资源

欢迎留下您对本问卷的建议以及意见:____________________________

____

参考文献

一、专著类

1. 马克思:《1844 年经济学哲学手稿》,人民出版社 2000 年版;

2.《马克思恩格斯选集》(第 1 卷),人民出版社 1995 年版;

3.《马克思恩格斯德意志意识形态(节选本)》,人民出版社 2003 年版;

4. 邓正来:《中国法学向何处去——建构“中国法律理想图景”时代的论纲》,商务出版社 2011 年版;

5. 秋风:《政府的本分》,凤凰出版集团、江苏文艺出版社 2010 年版;

6. 韩世远:《合同法总论》(第 3 版),法律出版社 2011 年版;

7. 黄茂荣:《债法通则之二:债务不履行与损害赔偿》,厦门大学出版社 2014 年版;

8. 范愉:《集团诉讼问题研究》,北京大学出版社 2006 年版;

9. 费孝通:《乡土中国》,人民出版社 2008 年版;
10. 王泽鉴:《民法学说与判例研究》(三),中国政法大学出版社 1998 年版;
11. 谢怀栻:《外国民商法》(上),中国人民大学出版社 1986 年版;
12. 詹森林:《民事法理与判决研究——民法总则、债法总论、买卖法及消费者保护法》,北京大学出版社 2005 年版;
13. 苏号朋:《格式合同条款研究》,中国人民大学出版社 2004 年版;
14. 谢鸿飞:《合同法的新发展》,中国社会科学出版社 2014 年版;
15. 邱聪智:《新订债法各论》(上),姚志明校订,中国人民大学出版社 2006 年版;
16. 徐炳:《买卖法》,经济日报出版社 1991 年版;
17. 史尚宽:《债法各论》,中国政法大学出版社 2000 年版;
18. 罗志如、厉以宁等:《当代西方经济学说》(下册),北京大学出版社 1989 年版;
19. 史尚宽:《民法总论》,中国政法大学出版社 2000 年版;
20. 黄茂荣:《买卖法》(增订七版),台北植根法学丛书编辑室 2015 年版;
21. 李秀清:《日耳曼法研究》,商务印书馆 2005 年版。

二、译著类

1. [美]赫伯特·马尔库塞:《单向度的人——发达工业社会意识形态研究》,刘继译,上海世纪出版集团 2008 年版;
2. [日]星野英一:《私法中的人》,王闯译,中国法制出版社 2004 年版;
3. [英]休谟:《人性论》,关文运译,商务印书馆 1981 年版;
4. [德]迪特尔·梅迪库斯:《德国民法总论》,邵建东译,法律出版社 2000 年版;
5. [法]E. 迪尔凯姆:《社会学方法的准则》,狄玉明译,商务印书馆 1995 年版;

6. [澳]哈耶克:《个人主义与经济秩序》,贾湛、文跃然等译,北京经济学院出版社 1989 年版;

7. [美]约瑟夫·E. 斯蒂格利茨:《不平等的代价》,张子源译,机械工业出版社 2013 年版;

8. [日]铃木深雪:《消费生活论——消费者政策》(修订版),田桓等译,中国社会科学出版社 2002 年版;

9. [美]彼得·埃文斯、迪特里希·鲁施迈耶、西达·斯考克波:《找回国家》,方力维等译,生活·读书·新知三联书店 2009 年版;

10. [德]拉德布鲁赫:《法学导论》,米健、朱林译,中国大百科全书出版社 1997 年版;

11. [德]古斯塔夫·拉德布鲁赫:《法律智慧警句集》,舒国滢译,中国法制出版社 2001 年版;

12. [德]G. 拉德布鲁赫:《法哲学》,王朴译,法律出版社 2005 年版;

13. [德]弗朗茨·维亚克尔:《近代私法史——以德意志的发展为观察重点》(下),陈爱娥、黄建辉译,上海三联书店 2006 年版;

14. [法]让·鲍德里亚:《消费社会》,刘成富、全志钢译,南京大学出版社 2008 年版;

15. [美]德尔·I. 霍金斯、戴维·L. 马瑟斯博:《消费者行为学》(第 12 版),符国群等译,机械工业出版社 2017 年版;

16. [美]朱尔斯·科尔曼、斯科特·夏皮罗主编:《牛津法理学与法哲学手册》(上、下册),杜宴林、朱振、韦洪发等译,上海三联书店 2017 年版;

17. [德]茨威格特、克茨:《比较法总论》(上),潘汉典、米健、高鸿钧、贺卫方译,中国法制出版社 2017 年版;

18. [美]詹姆斯·戈德雷:《私法的基础:财产、侵权、合同和不当得利》,法律出版社 2007 年版;

19. [德]迪特尔·梅迪库斯:《请求权基础》,陈卫佐、田士永、王洪亮、张双根译,法律出版社 2012 年版。

三、论文类

1. 谢晓尧:《消费者:人的法律形塑与制度价值》,载《中国法学》2003 年第 3 期;
2. 陈新夏:《人性与人的本质及人的发展》,载《哲学研究》2010 年第 10 期;
3. 谢鸿飞:《现代民法中的“人”》,载《北大法律评论》2000 年第 2 期;
4. 熊跃敏:《消费者群体性损害赔偿诉讼的类型化分析》,载《中国法学》2014 年第 1 期;
5. 高祖林:《政府主导下的官民共治:我国社会管理模式的转型方向》,载《马克思主义与现实》2012 年第 6 期;
6. 黄忠顺:《消费者集体性损害赔偿诉讼的二阶构造》,载《环球法律评论》2014 年第 5 期;
7. 韩世远:《消费者合同三题:知假买假、惩罚性赔偿与合同终了》,载《法律适用》2015 年第 10 期;
8. 梁慧星:《中国的消费者政策和消费者立法》,载《法学》2000 年第 5 期;
9. 税兵:《惩罚性赔偿的规范构造——以最高人民法院第 23 号指导性案例为中心》,载《法学》2015 年第 4 期;
10. 朱广新:《惩罚性赔偿制度的演进与适用》,载《中国社会科学》2014 年第 3 期;
11. 张新宝、李倩:《惩罚性赔偿的立法选择》,载《清华法学》2009 年第 4 期;
12. [美]戴维·楚贝克:《法律与社会运动的回顾》,吴玉章译,载《外国法译评》1993 年第 3 期;
13. [日]西村多嘉子:《迈向二十一世纪日本的消费者运动和保护消费者法概况》,载《政治与法律》1992 年第 5 期;
14. 梁慧星:《消费者运动与消费者权利》,载《法律科学》1991 年第 5 期。

后　记

从事学术期刊编辑工作已整十年，每天的工作除了拜读学界同仁的大作，也在艰苦地撰写自己的学术成果，对自己的“挑剔”，往往最后沦为宽容与鄙视。经常在想，估计这个世界上认真读自己作品的人非编辑莫属，同时也许有太多作品因资源有限而无法面世。但是，我们又要学会去接受这一现实。

每天在科研与审稿等多重压力与焦虑之下，自己的文字也只能停留于所谓追求“精巧的技艺”或者至多算是个“技术流”，昔日的梦想与情感荡然无存，只能在写作、发表、出版几者之间寻求一种结果意义上的心灵救赎。也许对自己而言，永远没有一份满意的答卷。

这本书历时近六年，基本上是自己在消费者法领域方方面面观察与研究的持续积累，可能很多观点今日自己也未必坚持，很多语言表达也并不满意，但这可能更是一个对自己的思考、火花与心路历程客观记录的过程。学会接受不完美与不满意，可能也是自己走向成熟的必由之路。

敲下这本书最后一个字的时候，心里并没有轻松，而是很清楚自己即将面对更多的挑战与困难。多年来各种工作的历练，使自己不再畏惧任何困难，有时候似乎更期待那种“让暴风雨来得更猛烈些吧”的压抑、释放与通关后的快感。无论如何，这一刻与其说是结束，不如说是下一段人生之路的开始。

感谢我的恩师、领导、同事和学界同仁多年来的关心、爱护与支持，更感谢大家对我的宽容与忍耐。感谢我的家人一直给予我无限支持。但任何感谢都不足以表达我的感恩之心，唯以更加认真地面对生活而略表报答之情。

是日，晴。

2018 年 11 月 20 日

于沙滩北街 15 号

图书在版编目(CIP)数据

消费者法理念与技术的重构 / 姚佳著. -- 北京 : 法律出版社, 2019

ISBN 978-7-5197-3423-7

Ⅰ. ①消… Ⅱ. ①姚… Ⅲ. ①消费者权益保护法-研究-中国 Ⅳ. ①D922.294.4

中国版本图书馆CIP数据核字(2019)第071847号

消费者法理念与技术的重构
XIAOFEIZHE FALINIAN YU JISHU DE CHONGGOU

姚 佳 著

责任编辑 吴 昉
装帧设计 汪奇峰

出版 法律出版社
总发行 中国法律图书有限公司
经销 新华书店
印刷 北京玺诚印务有限公司
责任校对 晁明慧
责任印制 沙 磊

编辑统筹 法律教育出版分社
开本 A5
印张 7.875
字数 205千
版本 2019年4月第1版
印次 2019年4月第1次印刷

法律出版社/北京市丰台区莲花池西里7号(100073)
网址/www.lawpress.com.cn
投稿邮箱/info@lawpress.com.cn
举报维权邮箱/jbwq@lawpress.com.cn
销售热线/010-83938336
咨询电话/010-63939796

中国法律图书有限公司/北京市丰台区莲花池西里7号(100073)
全国各地中法图分、子公司销售电话:
统一销售客服/400-660-6393
第一法律书店/010-83938334/8335 西安分公司/029-85330678 重庆分公司/023-67453036
上海分公司/021-62071639/1636 深圳分公司/0755-83072995

书号:ISBN 978-7-5197-3423-7 **定价**:32.00元